L 27 n
2.0170

ÉLOGE
HISTORIQUE
DE LOUIS-JOSEPH
DUC DE VENDOME,
GÉNÉRALISSIME
DES ARMÉES DE FRANCE ET D'ESPAGNE;

Ouvrage qui a remporté le Prix de l'Académie de Marseille, en 1783.

Par M. DE VILLENEUVE, Commis à l'Hôtel des Fermes.

Optimè is laudaverit qui fideliter narraverit.
QUINTIL.

A AGEN,

Chez la Veuve NOUBEL, Imprimeur-Libraire,
rue Garonne.

M. DCC. LXXXIV.

ÉLOGE
DE VENDOME.

SI la Postérité doit un tribut d'éloges aux Hommes célèbres, c'est sur-tout à ceux qui, placés dans des circonstances difficiles, ont réparé des abus ou des revers, & dont les actions décèlent, aux regards de l'observateur attentif, non-seulement la gloire de leur siècle, mais encore les bienfaiteurs des générations suivantes.

A cette époque de la gloire & de la modération d'un jeune Souverain, à cette époque fameuse, où la France & l'Espagne réunies assurent & la liberté d'un nouveau Monde, & celle de l'empire des mers, quel Français ne se rappelleroit pas le héros dont le dernier exploit conserva l'Espagne sous la domination d'un *Bourbon? Vendôme*, vainqueur de *Stanhope*, & triomphant à *Villaviciosa*, raffermit à la fois *Philippe* sur le trône, rendit quelque éclat au destin pâlissant de *Louis*, & prépara encore les succès de leurs neveux, en vengeant ces deux Rois. Tel *Miltiade*, vainqueur des Perses, aux plaines de *Marathon*, préparoit aussi l'empire d'*Alexandre* ; & *Scipion*, celui d'*Auguste*, sur les débris de *Carthage* écrasée.

C'est ainsi que s'étend sur une longue succession de temps, l'influence qu'un Grand Homme eut sur le sien : ainsi l'ondulation, excitée sur la surface d'une eau tranquille, se développe, multiplie, porte au loin ses replis successifs, jusqu'à ce qu'enfin, atténués par l'espace, ils échappent aux regards.

O cœur noble & bon, prince citoyen, guerrier intrépide ! ô *Vendôme* ! pardonne si ma plume ignorée ose célébrer ta gloire, en retraçant tes succès & tes vertus. Ce n'est point une orgueilleuse espérance qui m'anime ; je cède à l'impulsion qui me porte à célébrer les Grands Hommes.

Dans l'impossibilité d'atteindre aux beautés fastueuses de l'art oratoire, je serai vrai.

Heureux le Souverain, le Ministre, le Général, dont les actions attestent les grandes qualités, & laissent une longue mémoire, sans le prestige d'une éloquence adulatrice, qui trop souvent, malgré ses efforts, ne peut voiler le travail de l'orateur, ni l'insuffisance du héros.

Vendome defcendoit de *Henri le Grand* (*). Une illuftre naiffance ne fert pas toujours ceux qu'elle décore ; quelquefois un avantage, fouvent elle devient un fardeau. Les uns reftent accablés fous les obligations qu'elle impofe ; elle n'eft plus que le figne de leur opprobre, en rappelant trop ce qu'ils font, & ce qu'ils devroient être : tandis que les fujets dignes d'elle marchent d'un air plus noble & d'un pas plus affuré dans la carrière de l'honneur. Elle leur applanit la route des grandes places, & leur ouvre bientôt la fcène où les qualités éminentes peuvent éclater, devenir utiles au bonheur du monde, & faire l'admiration des peuples.

Digne en tout de fon illuftre origine, *Vendôme* ne lui dut pas fon élévation. Comme *Henri* (malgré fes droits) n'obtint la couronne que par fes travaux ; fon petit-fils (malgré fa naiffance) ne parvint au généralat que par fes exploits.

(*) Il naquit en 1654. Son père fut *Louis de Vendôme*, Cardinal après le décès de fa femme, *Laure de Mancini*, morte en 1657. *Louis* eut pour frère le Duc de *Beaufort*, célèbre dans les troubles de la Fronde, & tué au fiège de Candie, en 1669. Le père & l'oncle de *Vendôme* eurent encore une fœur mariée à un Duc de *Nemours*, mort en 1664. Tous trois étoient enfans de *Céfar de Vendôme*, Gouverneur de Bretagne, Sur-Intendant de la Navigation, fils de *Henri IV* & de la belle d'*Eftrées*.

Bon, comme son ayeul, intrépide autant que lui, *Vendôme* unit à l'élat de la plus rare valeur le caractère le plus doux, les plus simples mœurs avec ce naturel heureux qui porte aux belles actions, sans nul effort. Homme d'esprit, ami généreux & fidèle, protecteur sans morgue, prince sans ambition, il méconnut l'orgueil, l'intrigue, la vengeance, & ne fit sentir sa grandeur que par celle de ses actions. La Cour eut des torts envers lui, il se retira sans se plaindre: on le vit reprendre le commandement, sans se prévaloir des circonstances qui le rendirent nécessaire; & toujours favorisé de la victoire, jamais il ne mit de prix à ses services. Oublié dans des jours de bonheur, on se souvint de lui quand il fallut venger ou défendre des Rois. Pour louer un tel homme, il faut peu d'éloquence; le montrer tel qu'il fut, est son plus bel éloge.

Ce Corps brillant de jeunesse & de gloire (*),

(*) Il fut simple Garde-du-Corps dans la Compagnie de *Noailles*, & voulut, en quittant la Bandoulière, servir Volontaire, pendant la campagne qui mit la Hollande si près de sa perte. Il mérita chaque grade par un nouveau service. Ce ne fut qu'après s'être signalé au passage du Rhin; après les dernières campagnes de *Turenne*, où il servit; après le combat d'*Altenheim*, où il se distingua; après les combats de *Kintkint*, de *la Châtre*, de *Kockberg*, & la prise de *Fribourg* (sous *Créqui*), & enfin après 7 ans de commission de Colonel, qu'il fut fait Brigadier.

garde & défenseur de nos Rois, au sein de la paix, comme aux champs de Mars, dont le zèle vigilant environne toujours l'espoir & le Chef de l'Etat, dont le bouillant courage fixa souvent le destin des batailles ; ce Corps, l'honneur de la Nation, l'orgueil des Armées, & la splendeur du Trône, reçut au nombre de ses jeunes guerriers *Vendôme* adolescent. En effet, la garde des Rois dut être le berceau militaire de celui qui devoit un jour & si bien les défendre & si bien les venger.

Bientôt les projets du Roi, d'accord avec l'ardent naturel du jeune Prince, lui présentent l'espoir de se signaler. Impatient d'apprendre l'art des Césars, il court, Volontaire sous *Turenne*, grossir cette foule de héros attirés par l'éclat qui suit le plus grand Monarque & le premier Capitaine de l'Europe. Sans grade & sans commandement, il ne peut montrer que du courage. Le sien le guide à travers les flots, & bientôt, pour prémices de sa gloire, il vient déposer aux pieds de *Louis* un étendard & un drapeau que ses mains arrachèrent à l'ennemi. Ces présages brillans ne furent pas démentis.

Après cette campagne, où les succès furent si peu disputés, *Vendôme* voulut recevoir des leçons plus difficiles : il montra aussi des vertus qui ne lui furent point enseignées. Quand le courroux de *Louis XIV* & l'obéissance de *Turenne* donnèrent à l'Empire le terrible fpectacle du Palatinat embrafé, (*) *Vendôme*, jeune encore, dévança le jugement de la Poftérité. Il refufa de tremper fes mains dans l'exécution d'un ordre rigoureux, qui ne pouvoit que faire des miférables, fans utilité pour fa patrie, comme fans honneur pour lui. Témoin des dernières campagnes de *Turenne*, s'il eut à pleurer, avec la France, le modèle de fes guerriers; au moins eut-il cette confolation, que fon premier exploit fervit à réprimer les projets audacieux que fit naître aux ennemis le trépas d'un héros (**).

(*) L'incendie de *Worms* devoit être exécuté le jour qu'il commandoit; il demanda que le jour de fon commandement fût changé. Sans prétendre juftifier entièrement la mémoire de *Louis XIV* de cet acte de rigueur, il eft bon d'obferver qu'il ne fut pas feulement caufé, comme fes détracteurs ont ofé l'avancer, par l'orgueil de ce Prince. L'*Electeur Palatin*, malgré les obligations qu'il avoit au Roi, malgré fa promeffe de demeurer neutre, prit le parti de l'Empereur. Ses troupes maffacrèrent des foldats Français égarés; on les retrouva fufpendus aux arbres, & mutilés. De là l'embrafement du *Palatinat*. Le Roi dut, fans doute, faire repentir le Souverain de fon manque de foi; mais il eût été plus grand d'épargner les peuples.

(**) *Turenne* fut tué d'un boulet de canon qui le frappa à la poitrine, le 27 Juillet 1675. Il fut enterré à Saint-Denis, le 29 Août fuivant. Il n'avoit que 64 ans.

Les Français auroient pénétré dans l'Allemagne; *Turenne* n'eſt plus ; ils ſe retirent : l'Ennemi, qui les évitoit, les ſuit à pas preſſés. Arrête, Germain audacieux ; ſi tu ne crains plus le génie de *Turenne*, redoute encore la valeur des Français & celle d'un héros naiſſant. La garde du pont d'*Altenheim* (*) eſt confiée au jeune *Vendôme* ; un coup de feu lui perce la cuiſſe, ſans qu'il ceſſe le combat, à pied, à la tête de ſon régiment. Les traits de la mort volent autour de lui, & frappent à ſes côtés. Son audace en eſt augmentée, juſqu'à ce que, perdant la force avec le ſang, il tombe épuiſé.... Son jeune courage obtint la récompenſe la plus flatteuſe. Revenu à lui, ſes premiers regards ſe portent ſur les canons & ſur les drapeaux abandonnés par l'ennemi repouſſé.

Ce fut par une ſuite de ſemblables actions, qu'il obtint, au ſiège de *Fribourg*, le rang de Brigadier (**). *Créqui*, déſigné par le Grand *Condé*,

---

(*) L'armée Françaiſe ſe retira ſous la conduite du Maréchal de *Lorges*. Elle fut ſuivie dans ſa retraite, & attaquée au pont d'*Altenheim*. *Vendôme*, à la tête du régiment de *Champagne*, combattit comme un Lion ; il eut deux cens hommes de ſon régiment tués près de lui : il avoit près de 18 ans. La perte fut conſidérable des deux côtés, mais les ennemis ſe retirèrent.

(**) Voyez la note, *page 6.*

comme succeſseur de *Turenne*, *Créqui*, veut pénétrer ſi le génie de *Vendôme* repond à ſa valeur. Après l'avoir conſulté, il écrivit au Roi que le nouveau Brigadier ſeroit un jour un Général fameux.

La paix de *Nimègue* vint terminer les premières campagnes du jeune Prince (*); il a déjà mérité l'amour des ſoldats, l'eſtime des amis de l'humanité, & la confiance des héros.

Autant ſes premières armes avoient annoncé de grands talens, autant ſes loiſirs annoncèrent une belle ame. Elève des *Turenne* & des *Créqui*, il ſe plut dans la ſociété des *Racine* & des *Campiſtron* (**). La conſtance de ſon attachement

---

(*) Le Congrès pour la paix commença en Août 1675, & ne fut terminé qu'en 1678. Il y eut trois traités; un du 10 Août, avec la Hollande; le ſecond du 17 Septembre, avec l'Eſpagne; & le troiſième, avec l'Empereur & l'Empire. Pour récompenſer le Duc de *Vendôme* des ſervices rendus dans toutes ſes campagnes, le Roi le nomma Gouverneur de Provence, en Janvier 1679.

(**) *Campiſtron* naquit à Touloufe, en 1656. Étant venu à Paris, pour éviter les ſuites d'un affaire galante, *Racine* fut ſon guide dans la carrière dramatique. Ce fut lui qui le propoſa au Duc de *Vendôme* pour la compoſition de la Paſtorale héroïque d'*Acis* & *Galathée*, repréſentée dans une Fête donnée, au château d'*Anet*, à *Monſeigneur*. Le

pour ce dernier, eſt peut-être auſſi honorable pour ſon cœur, que ſes ſuccès le ſont pour ſa mémoire.

La paix dura peu. Le Roi ne vouloit rien céder de ſes droits, ſes ennemis lui reprochoient de vouloir trop les étendre. On court aux armes ; mais après la priſe de *Luxembourg*, où *Vendôme* ſe diſtingua, une trève, qui devoit être de vingt ans, rendit à l'Europe l'eſpérance d'un long calme. Maintenant, enſéveli dans l'oubli du repos, *Vendôme* ne pourra plus développer que les qualités d'un Prince aimable & généreux, plus utile au bonheur de ceux qui l'environnent, qu'aux intérêts de l'Etat. Eh bien ; il eſt heureux ; il a des

---

caractère & l'eſprit de *Campiſtron* plurent tant au Duc de *Vendôme*, qu'il ſuivit par-tout, que ce Prince devint ſon ami plus que ſon protecteur. Le Poëte eut autant de bravoure que de talent. Il ſe comporta vaillamment à *Steinkerque* & à *Luzara*. Il étoit Secrétaire des commandemens du Duc qui, depuis, le fit nommer Chevalier de *Saint-Jacques*, en Eſpagne, & Marquis de *Penange*, en Italie. Il refuſa, après plus de 25 ans d'intimité, de ſuivre *Vendôme* en Eſpagne. Ce Prince en fut douloureuſement affecté ; mais *Campiſtron* allégua des raiſons de ſanté. Il ſe retira dans ſa patrie, où il ſe maria à Mademoiſelle de *Maniban*, & mourut d'apoplexie, en 1723. *Campiſtron* fut Mainteneur de l'Académie des *Jeux Floraux*, depuis 1691, & de l'*Académie Françaiſe* en 1701. Son Théâtre eut 9 éditions dès ſon vivant. La diſpoſi-

vertus. En faut-il plus pour sa gloire ? Mais, vous, qui ne connoissez que celle des trophées, vous serez satisfaits. L'Europe, conjurée contre *Louis*, fera naître des évènemens qui mettront bientôt *Vendôme* dans un jour plus brillant ; de nouveaux exploits le conduiront au Généralat. La France verra l'égal de ses Grands Hommes, & l'Espagne pourra connoître, dans celui qui la fait trembler, le héros qui saura la défendre.

Ce fut au siège de *Mons*, que ce Général fameux, qu'on vit souvent unir la sagesse de *Turenne* à l'audace du vainqueur de *Rocroi*, attiré par les brillantes qualités des deux frères, partagea entre eux sa confiance & son amitié (*). Il devint bien-

---

tion de ses pièces est souvent heureuse, les situations quelquefois touchantes, & les caractères assez bien soutenus ; mais quoique son style ne manque pas d'élégance, son coloris est foible. *Andronic*, *Tiridate* & *Calliftène* sont ses meilleures pièces. Il eut un frère, Jésuite mort en 1733, à 77 ans. Il a laissé un Éloge de *Louis XIV* & du *Dauphin*, & quelques poésies. Comme son frère, il eut de l'élégance & peu de force. Tous deux faisoient les délices des Officiers de l'armée de *Vendôme*, en Italie.

(*) Le *Grand-Prieur*, né en 1758, se distingua sous le Duc de *Beaufort*, son oncle, en 1669, dans la conquête de la Hollande, au passage du *Rhin*, aux sièges de *Maeftrecht*, de *Valenciennes*, de *Cambrai*, & à la bataille

tôt injuste envers ceux qu'il avoit aimés. C'est qu'après avoir chéri des talens qui pouvoient le servir, il vit aussi qu'ils sauroient l'égaler. S'il est plus doux de mériter l'amitié d'un Grand Homme, il n'est peut-être pas moins glorieux de le rendre jaloux. Cependant *Namur*, ce boulevard des Belges & de l'Empire, voit flotter autour de ses murs les étendarts Français. Ce rival de *Louis*, ce Capitaine célèbre, malgré ses revers aux champs de Mars, qui affecta de combattre l'ambition, & ravit la couronne à son beau-père; qui viola les droits les plus sacrés, & fut nommé le Défenseur des droits de l'Europe; qui, souvent vaincu, mais toujours menaçant, fut, malgré tout, assurer la

---

de *Fleurus*, où il se comporta de manière à gagner toute l'amitié de M. de *Luxembourg*, qui l'envoya porter à la Cour la relation de cette victoire. M. de *Turenne* l'avoit remarqué de même au combat de *Zintzheim*. Il eut, après son frère, le commandement en Provence, fit des merveilles à la *Marsaille*. Il servit sous le Duc, en Italie: il contribua à ses succès, & prit plusieurs places aux Impériaux; mais il fut disgracié après la bataille de *Cassano*, parce qu'on lui reprocha de n'avoir pas fait tout ce qu'il auroit pu. Il se retira à *Rome*, d'où il voulut repasser en France, en 1710, & fut arrêté par *Thomas Masner*, en Suisse, en représailles du fils de ce Conseiller, prisonnier en France. Il fut nommé Généralissime de l'Ordre de *Malte*, menacé d'un siège. Il se hâta de voler au secours de l'Ordre qui ne fut point assiégé. De retour, il

liberté de son pays, & s'emparer d'un trône; le Prince *d'Orange* s'avance avec cent mille combattans pour secourir *Namur*. Le Conseil du Roi propose d'attendre l'ennemi dans les lignes; *Vendôme* s'élève contre un avis si timide, avec cette éloquence qui persuade. On marche au-devant du Prince; il se retire, & *Namur* est soumis.

Après avoir montré, dans ses premières campagnes, le feu du courage, qui sied si bien à la jeunesse, il développa les vues d'un militaire expérimenté, aux sièges qui suivirent la rupture du traité de *Nimegue*; mais il obtint à *Steinkerque* une réputation qui pouvoit difficilement être surpassée. En effet, coup-d'œil qui saisit les ressources à l'instant du péril, sang-froid pour ordonner, intrépidité dans l'exécution, il sut tout réunir; il fut Général & soldat.

Luxembourg a reçu de faux avis, les Français sont surpris; ils paroissent devoir être défaits. Un Conseil tumultueux parle de retraite. On a pu le voir; *Vendôme* méconnoît la timidité: se retirer au moment de la surprise, annonceroit la crainte d'une défaite, & pourroit la causer..... Il indique des points de défense.... *Luxembourg* applaudit;

---

se démit du Grand-Prieuré, en 1719, & mourut en 1727. Il eut la valeur, la bonté de son frère, & son extérieur négligé.

chacun vole à son poste. Le Maréchal parcourt les rangs, dispose, excite.... Il retrouve *Vendôme* : *Pour vous, mon Prince, je n'ai rien à vous dire*. (*). Telle fut la confiance de ce Général, dans un moment qui devoit fixer sa réputation & celle des armes Françaises.

Cependant les ennemis attaquent avec une impétuosité qu'augmente le succès : l'infanterie Française a plié. *Vendôme*, à la tête des Gardes, rallie les troupes, fait arracher les chevaux de frise qui protègent les ennemis. On diroit qu'il commande au péril : il s'élance à travers les embrasures des canons, dont les assaillans s'emparèrent, & qui déjà tonnoient sur nous. Jamais choc ne fut plus meurtrier. Une épaisse fumée, en augmentant la confusion, ne permet pas de diriger ses coups. On est si pressé que le lâche même ne pourroit fuir ; il faut donner ou recevoir la mort. Long-temps la victoire sembla tour-à-tour favoriser les deux partis, & se plaire a rendre douteux ce combat si terrible. Enfin *Vendôme* reprit pour toujours ces bronzes foudroyans enlevés avec une audace que lui seul put surpasser (**), & le Prince

---

(*) Le Duc lui répondit ; *Mort ou vif, aujourd'hui je mériterai l'estime des honnêtes gens.*

(*) Au milieu du plus grand péril, le Duc de *Vendôme* apperçut *Campistron* près de lui : *Que D.... faites-*

d'*Orange* céda cette victoire qu'il avoit tenté de surprendre.

L'envie, attentive depuis long-temps aux succès de *Vendôme*, croit que le temps est venu d'agir; elle craint que la réputation du Prince n'attire trop l'attention de la Cour; elle représente au Général que tant de gloire peut obscurcir la sienne. Il faut l'avouer, *Luxembourg* eut la foiblesse d'écouter ce monstre, dont lui-même eut tant à souffrir. *Luxembourg* ne parla presque pas de *Vendôme* dans la relation envoyée au Roi ; mais l'armée, les Princes & les ennemis publièrent sa gloire (*).

Plus touché comme ami, que blessé par amour-propre, de l'ingratitude du Maréchal, le Prince voulut servir sous *Catinat*, sous *Catinat* qui, toujours sage & modeste, au milieu des succès

---

vous ici, lui dit-il ? *Eh bien*, *Monseigneur*, *si vous vous trouvez mal*, *allons-nous-en*, répondit le Poëte. Cela fi[t] beaucoup rire le Prince qui se rappeloit avec plaisir & l[e] courage & la plaisanterie de son favori.

» Des Chevaliers Français tel est le caractère.

(*) *Albergotti*, favori du Maréchal, porta au Roi l[a] relation du combat. Jaloux du crédit de MM. de *Vendô*[me] près le Général, & sur-tout de son amitié pour le Gran[d] Prieur, il fit une ligue avec le fils du Maréchal & [le] Prince de *Conti*, pour ôter aux deux frères la confian[ce] du Maréchal. De-là le silence presque absolu dans la r[elation]

chercha plus le bien de l'Etat, que l'éclat de la renommée. Près de lui, *Vendôme* apprend à lutter contre *Eugène*, qui dut un jour, dans ces mêmes contrées, opposer tant de talens aux siens, & lui faire acquérir tant de gloire (*).

Vendôme parut à la *Marsaille* ce qu'il avoit été à *Steinkerque*. Le rang l'appelloit au commandement de l'aîle droite, mais le péril est plus pressant à la gauche; c'est-là qu'il vole : & après y avoir fixé la victoire, il se presse de reporter son audace & son bonheur à l'autre aîle. La Gendarmerie, fatiguée d'une longue marche, paroissoit soutenir avec peine les efforts d'un ennemi supérieur. == *Souvenez-vous, Messieurs, qui vous êtes, & pour qui vous combattez....* Il dit, & repoussé quatre fois, il dirige une cinquième attaque, l'épée à la main. Tout cède, tout est renversé. Vaine-

---

lation sur ce que ces Princes firent de glorieux à *Steinkerque*; mais le Duc de *Chartres*, depuis Duc d'*Orléans* & Régent du Royaume, qui s'y comporta vraiment en héros, fut plus juste. Il écrivit à son père une lettre lue à toute la Cour, dans laquelle il attestoit que, sans les deux frères, leurs conseils & leurs services, tout eût été perdu. Mille Officiers en écrivirent autant.

(*) *Eugène* étoit alors Lieutenant-Général, sous le Duc de *Savoie*, comme *Vendôme*, sous *Catinat*. Il commanda les Impériaux contre les Turcs, lorsque *Vendôme* obtint le commandement en Catalogne. Enfin, ils furent cinq ans opposés l'un à l'autre, en Italie.

B

ment, pour retarder sa poursuite, l'ennemi sema-t-il les périls. Des mèches allumées d'espace en espace, doivent enflammer des amas de salpêtre, sous les pas du vainqueur; vingt pièces, en batteries, foudroient les Français, mais vainement encore: *Vendôme* semble invulnérable; il fait un carnage terrible: à travers ces périls & ces feux, on l'eût pris pour un de ces Héros fabuleux qui défioient la foudre. Ce fut le témoignage qu'en rendit *Catinat*.

L'intrépide petit-fils de *Henri* donna des preuves d'une vertu peut-être supérieure au courage, moins connue, sur-tout des militaires, qui font plus aisément le sacrifice de leur sang, que celui de leurs préjugés & de leurs grades. Quoique Prince & plus ancien dans les honneurs militaires, *Vendôme* eut, dans la vallée de *Barcelonnette*, un commandement subordonné au Général qui commandoit dans le Piémont. Le Roi craignant de l'offenser, voulut le pressentir sur cet arrangement. Jeunes Officiers, jaloux de votre rang & du sang qui coule dans vos veines, écoutez la réponse d'un héros, descendant d'un grand Roi: *Sire, je reconnois, dans le Général à qui Votre Majesté confie ses armes en Italie, un très-brave homme, un très-bon citoyen; cela suffit.* O vous, qui croyez quelquefois pouvoir murmurer contre des Chefs, soit d'une naissance moins illustre, soit parce qu'ils vous furent long-temps étrangers, quoique couverts de gloire, fouffrez que je vous préfente l'exemple de *Vendôme*; vous ne craindrez pas de vous égarer fur fes traces... Jamais il ne vit que le bien du fervice & celui de l'Etat, fans régler fa conduite fur ce qui pourroit lui revenir de gloire perfonnelle. Il méconnut cette odieufe diftinction, qu'inventa l'égoïfme, de vaincre en chef ou en fous-ordre. Malheureufe & fauffe fubtilité! La gloire du Général ne réjaillit-elle pas fur tous les généreux coopérateurs de fes fuccès? La honte ou le deuil de fon malheur ne jette-t-il pas également un voile obfcur & lugubre fur les fervices de fes compagnons d'armes?... Le dévouement de *Vendôme* donna un nouvel éclat à fes fervices. Il fut le plus foumis & le plus brave des guerriers de *Louis XIV*. *Steinkerque* & *la Marfaille* rappellent autant fon nom que ceux de *Luxembourg* & de *Catinat*: il eft autant célèbre par les combats où il obéit, que par ceux où il commanda.

Qu'il eft doux de pouvoir fe délaffer du récit des combats par celui des actions vertueufes! Qu'il eft doux de voir un jeune Prince, élève & favori de Mars, donner à fes pareils des leçons d'humanité! Nommé Gouverneur de Provence, *Vendôme* s'oppofa à toutes les dépenfes d'une réception que fon nom devoit rendre encore plus brillante; il ne voulut s'occuper que du foin de défendre son gouvernement de l'invasion dont il paroissoit menacé. La province, reconnoissante, désira faire au Prince l'hommage d'un riche présent : *Non*, dit-il, *les Gouverneurs sont faits pour représenter aux Rois les misères des peuples; je ne puis accepter un présent qui, quoique volontaire, seroit onéreux au pays...* Digne sang de *Henri*! A ces paroles, à ces actions, faut-il ajouter un éloge ? Non, sans doute, le tien est dans tous les cœurs; mais on aime à le voir indiquer par le Lycée académique de cette ville, ornement de la Province que tu défendis, & dont tu méritas l'amour; de cette ville digne de ses anciens fondateurs (*),

―――――――――――――――――――

(*) *Marseille*, fondée par les Phocéens, colonie des Grecs, 500 ans avant l'ère Chrétienne, devint bientôt une république puissante, dont le gouvernement fut loué par *Aristote*. Les Romains y envoyèrent long-temps leurs enfans étudier. Elle mérita le nom d'*Amie des Romains* par les secours qu'elle leur donna contre les Gaulois & contre les Carthaginois. Elle suivit le parti de *Pompée*, & soutint un long siège contre *César*. *Strabon*, contemporain d'*Auguste*, fait de cette ville une magnifique description ; c'est d'elle que les Gaulois apprirent l'art d'écrire. A la décadence des Romains, cette ville passa sous la domination des Goths ; ensuite sous celle des Carlovingiens. Elle eut des Vicomtes héréditaires, après avoir été ruinée par les Sarrasins, vers le milieu du dixième siècle. Les héritiers de ces Vicomtes ayant vendu leurs parts de souveraineté à des particuliers & à la Communauté de

comme du nom d'amie de *Rome*, & qui, dans tous les temps, jalouſe de maintenir ſa ſplendeur, vient récemment encore de faire le plus auguſte emploi de ſes richeſſes, en les dépoſant aux pieds du Trône pour le ſervice de l'Etat, & le ſoulagement de ſes défenſeurs les moins fortunés. C'eſt, en effet, parmi les citoyens zélés, qui font le ſacrifice de leurs biens à la Patrie, qu'on doit propoſer l'éloge de ſes plus généreux défenſeurs. Tu fus la défendre, ô *Vendôme* ! & tes vertus te font plus chérir encore, que tes ſuccès ne te font admirer. Trop peu de guerriers ſavent faire naître à la fois cet amour & cette admiration. Combien l'un

---

la ville, elle devint République libre, en 1226 environ; puis elle ſe ſoûmit au Comte d'*Anjou*, frère de *Saint Louis*. Depuis, elle conſerva de grands privilèges modérés par *Louis XIV*. Dans tous les temps cette ville a été célèbre par les ſciences & par le commerce. Elle a produit le Chevalier d'*Hervieux*, ſavant dans les langues orientales; M. *Rigord*, antiquaire eſtimé; le P. *Feuillé*, Minime, grand Aſtronome; le P. *Plumier*, Botaniſte, qui a décrit plus de 900 plantes de l'Amérique, inconnues avant lui, &c. De nos jours, MM. *Guys* & *Barthe* ſont aſſez connus par un Voyage de la Grèce & autres Ouvrages charmans. Perſonne n'ignore que lors de la malheureuſe affaire du 12 Avril, la ville de *Marſeille* fit hommage au Roi de 150,000 liv. dont 120,000 liv. pour un vaiſſeau de ligne, & le ſurplus pour les matelots bleſſés ou pour leurs veuves.

B iij

de ces fentimens n'eft-il pas au-deffous de l'autre ? mais qu'il eft beau de les infpirer tous deux !

L'envie expia doublement les efforts qu'elle fit pour voiler la réputation de *Vendôme*; *Louis XIV* fixa fon rang immédiatement après celui des Princes légitimés. *Luxembourg*, prêt à terminer fa glorieufe carrière, demanda le Prince avec fon frère, avoua fes torts envers eux, & mourut, le 4 Janvier 1695, à 67 ans, en les priant de lui rendre une amitié qu'il avoit trop bleffée. Enfin, le Roi donna au Duc de *Vendôme* le commandement en Catalogne. Tel eft le triomphe d'un héros fur l'envie. Elle voulut l'abaiffer, il en paroît plus grand : elle voulut empêcher l'admiration, elle fait naître l'enthoufiafme, en ajoutant à ce qu'il a mérité, l'idée de ce qu'il a fouffert.

Ce fut en Catalogne que *Vendôme* développa le génie qui fait fuppléer à la foibleffe des moyens. Avec des forces inférieures, dans un pays hériffé de montagnes & de forts, il protégea nos conquêtes, & délivra celles que voulurent inquiéter les Efpagnols. Le bruit feul de fa marche fit fuir le Vice-Roi de devant *Palamos* (*). Il fut atteindre

---

(*) Cette place étoit affiégée par le Vice-Roi avec une armée plus forte que celle des Français; elle étoit encore bloquée par une flotte Anglaife. *Vendôme* fait publier que fon frère venoit le joindre : il marche à l'ennemi ; la terreur le précède ; le Vice-Roi s'éloigne ;

& battre, à *Maſſenet*, le Prince de *Darmſtadt*. Enfin, après une ſuite d'opérations auſſi ſages que brillantes, il réduiſit les Catalans à la ſeule défenſe de leur Capitale.

Barcelonne, fière de ſes richeſſes & de ſes nombreux habitans, ſembloit dominer ſur la Méditerranée, & défier les forces du Continent. Des remparts formidables, hériſſés d'une puiſſante artillerie, juſtifioient ſon orgueil. *Darmſtadt*, avec 12,000 hommes d'élite, promet aux habitans que l'eſpoir de *Vendôme* ſera trompé. *Montjoui*, forterreſſe élevée qui domine la campagne, accroît l'audace des aſſiégés. Le patriotiſme, cette vertu ſi reſpectable, même chez l'ennemi qu'elle rend plus terrible, le patriotiſme enflamme tous les Catalans. Loin de les intimider, la réputation de

---

la flotte diſparoît; *Palamos* eſt ſecouru ſans combat. Le Maréchal de *Noailles* étoit tombé malade, de ſorte qu'en arrivant, *Vendôme* trouva les Ennemis pleins d'eſpérance, *Gironne* inveſti, *Caſtelfollit* prêt à ſe rendre. Il ſecourut tout, attaqua par tout. Il ruinoit les forts qu'il ne pouvoit garder, faute de troupes. Après ſa victoire à *Maſſenet*, il inſulta les retranchemens des Eſpagnols; mais trop foible pour les attaquer, il enleva les ſubſiſtances, ruina le pays, écraſa les corps qui voulurent s'oppoſer à ſa retraite, & mit ſes troupes en quartier, à portée des ſecours qu'il attendoit pour le ſiège de *Barcelonne*.

Vendôme excite leur courage. On voit les citoyens se joindre aux soldats, tous jurent de sauver leur ville ou de s'ensevelir sous ses ruines. Cependant le Vice-Roi retranché non loin de *Barcelonne*, fait flotter, du haut des montagnes, l'étendart de la Province. A ce signal du péril & de l'honneur, tout ce qui peut porter les armes, pâtres, milices accourent en foule. Un peuple à dompter, & deux armées à vaincre, tels furent les obstacles que *Vendôme* eut à combattre.

On craint pour ses jours; il lutte entre les dangers & les maux, qui ne peuvent ralentir son infatigable activité. Il se fait porter dans un fauteuil pour diriger les attaques. L'ennemi voyant trop que rien ne le rebute, conçoit le projet de le surprendre (*). L'envie répéta souvent que *Vendôme* avoit plus de valeur que de prudence. L'envie exagère tout ce qui peut porter atteinte à la ré-

_____

(*) Peu de sièges ont été plus meurtriers. Les Espagnols ne concevoient pas qu'une armée qui ne pouvoit pas même enfermer tout-à-fait *Barcelonne*, pût se flatter de forcer une armée dans la ville, à la vue de celle du Vice-Roi. L'ardeur de l'attaque & de la défense rendit le massacre affreux. On fixa des momens de trève pour ensevelir les victimes de tant d'acharnement, & l'ironie encore se mêloit à la fureur. Le Prince de *Darmstadt* donnoit, le soir, des sérénades: le Marquis d'*Usson* monta à la tranchée au son des hautbois. De nos jours, trois frères se sont montrés ses dignes descendans. L'un est mort

putation des Grands Hommes ; elle conteste leurs vertus ; elle épie leurs foibleſſes pour les dénoncer à la malignité publique, toujours prête à fixer ſes regards ſur les taches légères qui peuvent ternir l'éclat qui l'éblouit, & rabaiſſer la ſupériorité qui l'humilie. Il eſt vrai qu'inſouciant en apparence ; négligeant autant ce qu'on nomme affaires, que ſon extérieur ; aimant les plaiſirs au camp, comme à la ville ; ne paroiſſant occupé que dans le moment preſſant, il ſembla quelquefois préſenter à ſes ennemis l'eſpoir de le ſurprendre, eſpoir toujours démenti par l'évènement. *Vendôme* travailloit peu, parce qu'il concevoit rapidement ; ſans rechercher de profondes combinaiſons, ſon génie vif & perçant ſut toujours faire le meilleur choix, & déconcerter les deſſeins les mieux médités. Il apprend ceux des Eſpagnols ; il ſait qu'aux premiers rayons du jour, la garniſon doit faire une ſortie combinée avec une attaque du Vice-Roi. Déjà les poſtes ſont aſſurés ; il profite de l'obſcurité, franchit les hauteurs, & porte le déſordre dans le camp des Eſpagnols, qui reçoivent la mort avant d'avoir craint le danger (*). Mieux

---

couvert de gloire & de bleſſures ; l'autre avoit ſuccédé, dans la carrière diplomatique, aux *Vergennes* & aux *Breteuil* ; le troiſième remplit l'Epiſcopat de ſes rares talens & de ſes vertus.

(*) Le Vice-Roi put à peine ſe ſauver en chemiſe. On

connu désormais, *Vendôme* revient presser le siège, & pour la seconde fois, force *Darmstadt* à reconnoître un vainqueur.

Dès-lors ce Prince put se flatter d'influer sur le sort des Etats. Depuis trois ans, le Roi offroit en vain la paix; l'Empereur & *Charles II*, jaloux de ses conquêtes, ne le soupçonnant pas assez modéré pour en faire le sacrifice à la tranquillité de l'Europe, vouloient attendre du temps & des hasards un évènement qui pût réparer leurs défaites; mais la chute de *Barcelonne* fit trembler l'Espagne & décida l'Empereur.

Tel fut le dernier exploit d'une guerre qui eut plus d'éclat que d'utilité, qui devint même la source de nos calamités, en excitant l'envie & la haine des nations humiliées. D'elle naquit ce long & profond ressentiment qui, lors de son explosion,

---

prit sa cassette, la caisse militaire, sa vaisselle, un grand nombre de ses chevaux; tout ce qui ne put être emporté fut brûlé. Deux autres camps furent enlevés & brûlés de même par M. d'*Usson*. Les Espagnols se sauvèrent sur des hauteurs inaccessibles aux troupes réglées. La Cour d'Espagne eut tant de chagrin de cet évènement, qu'elle destitua le Vice-Roi. *Louis XIV* déclara le Prince Vice-Roi, augmenta ses pensions, lui donna cent mille écus pour payer ses dettes. Il se préparoit à pénétrer plus avant en Espagne, quand il reçut des nouvelles de la paix. Il faut encore remarquer que son armée ne put jamais environner la ville entièrement.

remplit de jours défastreux les fastes de la France. Mais n'anticipons point sur des évènemens funestes, ne versons point de larmes au jour des triomphes : & s'il nous est impossible de nous rappeller sans attendrissement les revers de *Louis XIV*, consolons-nous; *Villars* & *Vendôme* ramèneront la victoire sous ses étendarts, & sauront le venger de ses ennemis, qui, dans l'orgueil des succès, ne surent pas respecter un Grand Roi malheureux.

La paix de *Risvick* dura moins encore que celle de *Nimègue* (*). Tous les Souverains épioient les dernières intentions du Roi d'Espagne languissant depuis plusieurs années. La France, l'Empereur, la Bavière, avoient des droits à sa succession (**). Ces Puissances étoient attentives,

---

(*) Le premier traité fut signé, le 20 Septembre 1697, avec la Hollande ; le second avec l'Espagne, une heure après. On rendit à cette Puissance toutes les conquêtes faites sur elle. Par le troisième avec l'Angleterre, le Prince d'*Orange* fut reconnu Roi ; & enfin par celui avec l'Empereur, le 10 Octobre, tout fut réglé, suivant les traités de *Westphalie* & de *Nimègue*. Le Roi sacrifia tous ses avantages à la paix.

(**) Voici l'ordre des héritiers de Charles II. 1°. Les enfans de *Marie-Thérèse*, fille, du premier lit, de *Philippe IV*, & femme de *Louis XIV*; 2°. le Prince Electoral de *Bavière*, dont la mère étoit fille de *Marguerite-Thérèse d'Autriche*, fille, du second lit, de *Philippe IV*, & première femme de l'Empereur *Léopold* ; 3°. Monsieur,

persuadées que le traité de partage seroit nul. La grandeur de *Louis* fixoit sur-tout les regards de l'Europe. L'ambition sourde de *Guillaume III*, la jalousie éternelle de l'Angleterre, la Hollande humiliée, l'aigle de l'Empire arrêté dans son vol altier, l'Italie incertaine & craintive, ne pouvoient consentir à voir s'accroître encore la puissance de *Louis*. On connoissoit l'élévation de ses projets, la célérité de ses conseils, ses ressources & ses droits. L'Angleterre & la Hollande se pressèrent d'être médiateurs entre les Turcs & l'Empereur, afin qu'il fût en état d'agir contre la France, lors de la mort de Charles II, regardée comme prochaine.

Bientôt le fameux testament de ce Prince mit sur le trône de *Philippe II* un successeur de *Henri IV*. L'Angleterre & la Hollande reconnurent *Philippe d'Anjou* Roi d'Espagne; le Duc de Savoie devint son beau-père : chaque Puissance trembloit séparément devant celle de *Louis*. Il

---

frère de *Louis XIV*, & par conséquent fils cadet d'*Anne d'Autriche*, laquelle étoit fille aînée de *Philippe III*, & qui avoit épousé *Louis XIII*; 4°. l'Archiduc *Charles*, fils de *Léopold*, ayant droit par sa grand'mère, *Marie-Anne d'Autriche*, seconde fille de *Philippe III* & femme de *Ferdinand III*, père de *Léopold*; 5°. M. le Duc de Savoie, aux droits de sa bisayeule, *Catherine*, fille de *Philippe II* & femme de *Charles-Emmanuel*, Duc de Savoie.

fallut assurer la réunion des efforts & des ressentimens pour oser attaquer un Roi constamment victorieux. S'il parut quelquefois trop sacrifier à l'éclat de son nom, il obéissoit alors à l'honneur autant qu'à la nature, en acceptant, pour son petit-fils un trône dont ce Prince étoit en effet le plus proche héritier. Enfin, on vit cette redoutable ligue qui menaça de détrôner *Philippe* & d'écraser *Louis*, qui fit peser long-temps les revers sur ces deux Rois, & se dissipa néanmoins sans donner un autre Souverain à l'Espagne, & sans ôter à la France son ascendant sur l'Empire.

L'Empereur commença la guerre en Italie avec succès. *Eugène* combattoit le Duc de Savoie, sous lequel servoit *Catinat*. Le Maréchal sut pénétrer les intrigues du Maître des Alpes; il prevint *Louis XIV* que ce Prince trahissoit les intérêts de son gendre. Trop grand pour saisir d'abord un pareil soupçon, le Roi se persuada que le génie vieillissant du Maréchal causoit seul nos échecs. *Villeroi*, brave autant que présomptueux, dut tout rétablir; mais il méprisa les avis de *Catinat*; *Eugène* conserva la supériorité, eut l'honneur du combat de *Chiari*, s'empara du Mantouan, & *Villeroi* fut enlevé dans *Crémone*.

Le Roi qui ne connoissoit pas encore les revers, fut d'autant plus sensible à ceux de son favori, dont la malheureuse imprudence rappella les services de *Vendôme*. Retiré dans *Anet*, à l'issue de ses campagnes, ce Prince sembloit avoir oublié qu'il fut Général & vainqueur. Il apprend les intentions du Roi, & déjà le plan de la campagne est tracé; on eût dit que *Vendôme* l'avoit médité dans sa retraite. Amant de la mollesse, plus encore des lauriers; c'est *Mars* quittant *Vénus*.

Lorsque la guerre ne peut être justifiée par la nécessité de défendre ses droits, & de repousser l'oppression, elle ne présente plus, aux yeux de l'être pensant, que des motifs odieux. Quelque grands que soient les talens, quelque brillans que soient les exploits, ils sont toujours flétris par ces idées affligeantes d'injustice & de malheureux immolés à la fausse gloire. Le guerrier ne paroît plus que l'instrument de l'orgueil & de l'ambition; l'homme juste voudroit anéantir la mémoire des succès criminels qu'il n'a pu prévenir. Mais soutient-il l'honneur de son Souverain ? défend-il sa patrie attaquée ? c'est alors que le Militaire peut s'estimer : il devient le premier homme du monde, si, conciliant les droits de conquête avec ceux de l'humanité; si après avoir montré le calme au sein des périls, & le désintéressement lorsqu'il pouvoit envahir, il fait encore, par la modération, faire chérir aux vaincus & sa victoire & les loix du Souverain dont ils redoutoient la puissance. Un tel guerrier restera toujours loin de ce que permet la force, pour consulter son cœur & l'avenir. Tous les ordres de l'Etat lui doivent des vœux; l'ennemi qu'il combat, le révère. Il défend nos biens, nos femmes, nos enfans; dédaigne l'or, & pour prix de son repos qu'il immole, du sang qu'il verse, de ses jours qu'il expose, il n'aspire qu'au signe respectable qui atteste ses droits à notre reconnoissance, & son dévouement envers la patrie. Ce dévouement auguste ne peut être celui de tous les Militaires; il est celui des héros; il fut celui de *Vendôme*.

La guerre de la succession fut peut-être la plus juste de celles qu'entreprit *Louis XIV*; & *Vendôme*, celui des Généraux qu'on aime le mieux à voir triompher.

A son arrivée en Italie, il trouva des fautes à réparer, un pays difficile, des troupes découragées, un héros à combattre.

Ici commence une lutte entre deux grands hommes; tous deux, après cent actions d'éclat, parvinrent en même-temps au Généralat (*).

(*) En 1697, les Turcs furent attaqués dans leurs doubles retranchemens. Des chariots formoient en dehors une triple enceinte; le tout bordé de 70 pièces de canons. Les Turcs furent forcés jusques dans les retranchemens intérieurs. Ils se précipitèrent tellement dans leur fuite, que le pont sur la *Théisse* en rompit. 30000 hommes restèrent sur la place, le Grand-Visir, l'Aga des Janissaires & 27

Eugène fit pâlir le Croissant à *Zenta*, quand *Vendôme* fit trembler la Monarchie Espagnole par la conquête de *Barcelonne*. Soit dans la victoire, soit dans les jours moins heureux de *Staffarde* & de *la Marsaille*, *Eugène* avoit développé l'art de suivre un avantage, ou de ménager une retraite. On le connoissoit également habile à saisir tous les points de défense, & ceux où l'ennemi pouvoit être vulnérable. Déjà l'Europe voyoit en lui le flegme & la constance Allemande, la fine perspicacité de l'Italie, & toute la vivacité du courage Français. *Eugène*, on le sait, fut trop souvent la terreur de la France & l'orgueil de l'Empire : & c'est lui qui jamais n'occupa que le second rang, quand il eut à combattre *Vendôme*.

Le nouveau Général rendit bientôt leur éclat aux armes Françaises. Tous les postes des Impériaux, sur le Pô, sont enlevés ; *Crémone* est secouru ; *Mantoue* devient libre ; *Castiglione* est soumis ; l'ennemi s'éloigne. *Vendôme* feint des projets qu'il n'a pas (*), & surprend les troupes qui

---

Pachas. Les Impériaux s'emparèrent de la tente du Grand Seigneur, ainsi que de l'Artillerie, avec 86 Drapeaux, 6000 chariots, autant de chevaux & 12000 bœufs. Depuis les victoires du Prince *Eugène* sur les Turcs, leurs armes ont perdu leur réputation.

(*) Le Duc partagea son armée en deux, feignant
devoient

devoient l'obferver. Une Victoire l'approche de *Luzara*, qui renferme les magafins des Impériaux.

Eugène alarmé de tout ce que ces mouvemens indiquent de talens & d'audace, accourt pour fauver *Luzara* : il fe hâte d'engager le combat avant l'arrivée de toutes les forces Françaifes, qui déjà inveftiffoient la place. *Eugène* commande les vainqueurs des Ottomans; il veut augmenter encore une réputation récemment accrue aux dépens de *Villeroi*, & fur-tout refaifir une fupériorité qui paroît trop lui vouloir échapper ; mais la bravoure des Efpagnols animés par la préfence de leur Roi, la valeur Françaife, *Vendôme* & fa fortune, forcèrent *Eugène* à céder l'honneur & le prix de cette campagne. C'eft ainfi que l'arrivée de *Vendôme* (*) protégea nos Alliés. Il rendit

---

d'en vouloir à Reggio ; le Prince *Eugène* fe retira en raffemblant fes troupes, & laiffa le Général *Vifconti* avec un corps de Cuiraffiers, de Dragons & quelque Infanterie, avec ordre de lui rendre compte des mouvemens des Français. Le Duc de *Vendôme* fe mit à la tête de quelques compagnies de Grenadiers ; paffa le *Croftolo* ; tomba à l'improvifte fur *Vifconti* qui fut taillé en pièces, fes bagages pris, &c. Le Roi d'Efpagne arriva à la fin de ce combat, dit de *Santa-Vittoria*, le 26 Juillet 1702. Tous les Grenadiers Français de l'expédition parurent devant *Philippe*, montés fur les chevaux des Cuiraffiers Impériaux.

(*) On voulut rendre douteux à *Vienne* le fuccès de cette journée en effet bien fanglante, puifqu'elle coûta

l'honneur à nos armes par deux combats glorieux; & la conquête de places importantes annonça son ascendant sur un héros.

Eugène n'a pu le vaincre : il veut au moins l'environner d'obstacles, en lui suscitant de nouveaux ennemis. Savant dans l'art de faire mouvoir les passions des hommes autant que dans celui de combattre, *Eugène* connoît l'ambition avide & inquiète de *Victor-Amédée* : il lui représente *Louis* & *Philippe*, maîtres de l'Italie, le faisant plier sous un joug que doit appesantir le voisinage de la France : il ajoute qu'au contraire l'Empereur doit protéger la Savoie pour s'opposer aux projets de *Louis*. Soit l'intérêt de ses Etats, soit l'espoir de faire acheter un jour son alliance plus

---

3000 hommes aux Français, & le double aux Impériaux, dont la perte auroit été plus considérable encore, si toutes les forces Françaises avoient été à même de donner; on chanta le *Te deum* à *Paris* & à *Vienne*. Le fait est que *Luzara* se rendit le lendemain du combat, *Guastalla* peu après, & enfin *Governolo*, malgré tous les efforts du Prince *Eugène*. *Albergotti* s'étoit emparé précédemment de *Reggio*, lorsque les mouvemens du Duc forcèrent *Eugène* à abandonner le blocus de *Mantoue*, qu'il faisoit depuis plus de six mois. L'Officier envoyé pour rendre compte au Roi de la victoire de *Luzara*, se trouva embarrassé au milieu de son récit; il dit à *Louis XIV*: *Sire, il est plus facile au Duc de* Vendôme *de gagner une bataille, qu'à moi de la détailler*

cher aux deux Rois, ou le deffein plus profond d'épuiser tour à tour fes voifins redoutables, & n'avoir rien à craindre d'aucune part, le beau-père de *Philippe* promit d'abandonner le parti de fon gendre. *Eugène* fatisfait court apprendre à l'Empereur le peu de fuccès de fes armes réparé par celui de fes négociations.

On vit alors le Portugal, l'Angleterre & la Hollande fe joindre encore à l'Empereur contre les deux Couronnes. *Louis* n'avoit d'allié que le Duc de Bavière, & cependanr il attaquoit partout. Le Souverain de Bavière pénétra dans le Tyrol ; *Vendôme* devoit le joindre par le Trentin, pour établir une communication entre les forces d'Allemagne & celles d'Italie. Déjà le Général Français avoit franchi les monts, emporté les forts, & fe propofoit d'affiéger la Capitale, quand les échecs qu'effuya le Duc de Bavière, & la défection de celui de Savoie, rappellèrent *Vendôme* en Italie. Il s'agiffoit de défarmer les troupes auxiliaires de Savoie, avant que leur maître pût les employer conformément à fes nouvelles alliances. Il falloit prévenir le Prince le plus pénétrant, dans des circonftances qui devoient éveiller toute fa prudence. *Vendôme* publia d'autres projets ; tout fut fi fagement prévu, que les troupes de Savoie fe trouvèrent défarmées & difperfées prifonnières, avant que le Souverain eût foupçonné cet évènement; il apprit encore la défaite d'un corps de Cavalerie Allemande que *Visconti* devoit lui conduire par les montagnes, & qui ne put se souftraire à la vigilance de *Vendôme*.

Si ce Prince ne réussit pas aussi complétement à prévenir la jonction des Impériaux avec le Duc de Savoie, au moins coûta-t-elle bien cher au Général *Stahremberg* (*). Les ennemis de ces deux Capitaines furent également injustes à *Vienne* & à *Versailles*. Les uns prétendoient que *Stahremberg* auroit dû effectuer sa jonction avec moins de perte; les autres, que *Vendôme* étoit maître de la prévenir. D'un côté, on ne vouloit pas regarder que le Général Français avoit des conquêtes à couvrir, le Duc de Savoie à observer, & *Stahremberg* à suivre; de l'autre part, que celui-ci traversoit un pays difficile, qui, s'il favorisoit quelquefois le secret de sa marche, devoit aussi souvent la retarder, qu'enfin, il luttoit contre le rival d'*Eugène*. Ces deux grands Capitaines firent

_____

(*) *Stahremberg* fit une marche habile, & affecta tant de projets, que *Vendôme* fut obligé de faire garder différens passages; il l'atteignit cependant à *Stradella* & *Castel-Nuovo*. Cette marche coûta aux Impériaux plus de 6000 hommes. Ils perdirent une grande partie de leurs bagages, 4000 bœufs & 1000 chevaux. Ce qui l'empêcha de leur être plus funeste encore, ce fut le mauvais état de la Cavalerie Française, & la rupture d'un pont sur la *Bermida*, lors de la poursuite.

cependant tout ce qu'il étoit possible de faire réciproquement; mais il est des Généraux qui ne peuvent être tout-à-fait prévenus ou surpris, ni jamais entièrement défaits ; qui réparent promptement une faute légère, & couvrent une retraite, quelque désavantageuse qu'elle soit ; qui voient à la fois ce qu'il faut sacrifier au moment, & ce qu'il est possible de sauver. Le peuple, toujours ébloui par l'éclat du bonheur, applaudit davantage au succès le plus facile, qu'à la lutte la plus savante contre les talens & les obstacles, tandis que l'homme sensé, qui observe un Grand Homme opposé à un digne émule, espère d'autant moins des succès décisifs, que les deux génies rivaux sont plus faits pour se mesurer. Dans ces momens de soins, de combinaisons & d'anxiété, entre deux Capitaines fameux, on ne peut attendre une victoire complète. Turenne & Montécuculi, lors de leurs dernières campagnes, ne firent que s'observer, sans pouvoir se vaincre ; & jamais néanmoins ils ne parurent plus dignes de leur célébrité. Ces réflexions feront peut-être aussi paroître *Vendôme* plus grand. Après avoir partagé les lauriers de *Luxembourg* & de *Catinat*, jamais il n'eut à combattre de ces Généraux malheureux connus par leurs fautes. *Victor-Amédée*, Général habile & brave autant que Souverain politique, *Eugène* & *Stahremberg*, tels furent ses adversaires. S'ils lui disputèrent quelquefois un succès entier, il eut toujours sur eux une supériorité réelle, & souvent l'honneur de la victoire.

Au moment où le Duc de Savoie se promettoit de réparer ses désavantages, au moment où l'on publioit que l'Italie étoit perdue pour nous, depuis la jonction de *Stahremberg*, on apprit que *Victor-Amédée* s'étoit retiré devant le Duc de *Vendôme*; on apprit la conquête de *Verceil* & d'*Ivrée*, en présence d'une armée presque aussi puissante que celle du vainqueur (*). L'envie se tut. Le Duc de Savoie se vengea de tant d'humiliations par la disgrace du Commandant de *Verceil*, & *Vendôme*

(*) Le Duc de Savoie, joint à *Stahremberg*, avoit espéré pouvoir pénétrer dans le Milanès: *Vendôme* prit toutes les précautions pour prévenir ce projet; il établit une ligne fortifiée dans une grande étendue; il fit sauter ensuite tous les petits forts dont la garde exigeoit garnison. Ses forces augmentées par ce moyen, non-seulement il voulut défendre les possessions Espagnoles, mais encore attaquer celles des Ennemis. Le Duc de Savoie l'observoit de l'autre côté du *Pô*, comptant qu'il s'éloigneroit, lorsqu'à la faveur d'un brouillard, *Vendôme* passa le *Pô*, & se trouva en face de l'armée de Savoie qui se retira, mais non sans perte; le Général *Vaubonne* fut pris. *Vendôme* s'empara de *Verceil*; la garnison fut prisonnière de guerre. On y trouva 3600 hommes, 250 Officiers, 2050 soldats malades, 72 canons de bronze, 26 drapeaux, 250 milliers de poudre, &c. *Ivrée* se rendit aux mêmes conditions devant l'armée de Savoie.

forma le siège de *Verue*, pour s'ouvrir le chemin de *Turin*.

Il fallut toute la réputation de ce Prince, tout l'ascendant qu'il eut sur ses troupes, pour leur faire supporter les dangers de ce siège, le plus long du siècle, & les fatigues, plus terribles que les périls pour la vivacité de la valeur Française. Mais *Vendôme* inspiroit la confiance par ses talens, l'amour par sa bienfaisance, & la longanimité par son exemple.

Il visitoit fréquemment les différens quartiers de son armée, plus soigneux de les garantir du péril, qu'à l'éviter lui-même. Dans ces tournées, où pour se délasser de ses travaux, il cherchoit l'occasion de répandre quelques bienfaits, on n'apperçut jamais autour de lui la contrainte ni le morne silence qui naissent d'un respect forcé. Sans gardes, sans marque de distinction, il aimoit à jouir du vif empressement qui précipitoit les soldats sur ses pas; il entendoit leurs acclamations.... *Le voilà l'intrépide Vendôme; voilà notre bon Prince.* Alors il entroit sous leurs tentes, s'entretenoit de leur pays, de leurs services, goûtoit à leurs alimens grossiers, non avec cet air de bonté dédaigneuse, qui laisse trop appercevoir l'effort de la grandeur se contraignant à descendre un instant, mais avec cet air ouvert qui marque un intérêt vrai, & prouve le sentiment plus que la réflexion. Plusieurs fois même l'extrême popularité de ce Prince enhardit le Grenadier jusqu'à oser venir lui demander de cette poudre apportée de l'Amérique, qui pour lors sembloit encore un luxe, & qui maintenant accroît le nombre de nos besoins factices. Ainsi *Vendôme* aimoit à se rapprocher de ses Soldats, à paroître un moment leur égal. On blâmoit tant de bonté : cette bonté même lui rendoit bientôt tout l'éclat de son rang, & l'or qu'il savoit répandre, manifestoit le Prince & le Général. Il est trop dangereux de répéter aux Grands qu'ils se compromettent en se familiarisant ; ce précepte peut accroître l'orgueil, peut endurcir le cœur. Je ne sais si le mien me trompe, mais la bonté me paroît le rayon le plus pur de la gloire d'un Grand Homme.

Le siège de *Verue* est peut-être l'époque où *Vendôme* mérita le plus de cette gloire qui tient à prévoir comme à surmonter les obstacles. Il eut encore à répondre aux clameurs des envieux ; tous l'accusoient de témérité. La Cour hésita ; les gens de bien craignirent ; rien ne pouvoit sauver la réputation de *Vendôme*, que la plénitude du succès.

Lorsque les assiégeans & les assiégés ont, avec les talens nécessaires, tous les moyens d'attaque & de défense, outre le désir de faire également leur devoir, le siège d'une ville dont on peut former entièrement la circonvallation, devient une opération ordinaire, dont on calcule à peu près la durée & le succès; mais si, par sa position, une place réunit à l'avantage de ne pouvoir être entièrement investie, celui d'être continuellement secourue; si dominant du haut des montagnes, elle peut prolonger sa défense jusqu'à ce que les saisons viennent encore combattre pour elle; si enfin une armée aussi puissante que celle qui l'attaque, entretient avec cette place une communication journalière par des forts avancés, un pareil siège présente l'entreprise d'un Grand Homme; & lorsque l'expérience démontre que, connoissant toutes les difficultés, il avoit aussi préparé tous les moyens de les surmonter, il faut reconnoître le génie.

Verue sembloit imprenable. Assise sur des rocs, entourée de fortifications accumulées entre des précipices, protégée par l'armée du Duc de Savoie, & sur-tout par un sol qui rend les travaux de l'attaque plus pénibles, plus aigus les froids de l'hiver, & plus brûlantes les ardeurs de l'été, cette place paroissoit devoir défier tous les efforts; elle succomba. Habile à renverser les desseins de ses adversaires comme à voiler les siens, prompt dans ses mouvemens, terrible dans ses attaques, *Vendôme* étonnoit autant par son génie que par son audace. Enfin, son infatigable valeur mettant le sceau du succès à tous les soins de son active prévoyance, il resserra les ennemis de toutes parts, au point de les forcer successivement à lui céder le fort de *Guerbignan*, les retranchemens de l'armée, enfin à lui céder la ville.

Quoique d'un naturel tout de feu, jamais l'ivresse du succès ne fit sortir *Vendôme* de son caractère de bonté. Le Gouverneur de *Verue* (*) avoit transgressé les loix de la guerre : *Vous méritez la mort*, lui dit le Prince, *mais j'aime mieux me souvenir de votre courage que de votre faute.* Il ne permit pas même que la garnison fût dépouillée, quoiqu'alors, dans de pareilles circons-

---

(*) *Verue* fut assiégé le 22 Octobre 1704, & se rendit le 10 Août 1705. Le Duc de Savoie entretenoit une communication continuelle de son camp de *Crescentin* avec la place par le fort *Guerbignan*. Défense vigoureuse, incommodité du local, intempérie des saisons, *Vendôme* eut tout à vaincre : *voyez* Quincy, *Histoire militaire de* Louis XIV. Le Gouverneur n'ayant plus d'espérance d'être secouru, voulut capituler ; là-dessus, le Prince exigea que la garnison se rendît prisonnière de guerre. Le Gouverneur se retira dans le château, après avoir fait sauter la triple enceinte de la place ; enfin, il lança sur l'armée (qui n'en souffrit point, étant munie de bons madriers) une quantité innombrable de grenades, de feux d'artifice & pots-à-feu, *&c*. Cet éclat étoit inutile pour sa défense, & pouvoit devenir meurtrier pour les Français. Le Gouverneur fut obligé de se rendre le lendemain.

tances, ce droit outrageant autant que barbare, entrât dans les droits du vainqueur. On a déjà pu le remarquer; *Vendôme* devança son siècle qui ne savoit pas encore assez respecter l'humanité dans les vaincus.

La guerre se faisoit dans ces temps avec le plus grand acharnement. Les lumières & la douceur de la Philosophie étoient moins répandues; les mœurs étoient plus dures, les préjugés profonds, & les haines nationales envenimées. L'Europe saignoit encore de ces scènes de carnage, qui, trente ans, désolèrent l'Empire; de celles qui conduisirent sur le trône des *Stuards* un scélérat illustre, teint du sang de son Roi; des guerres civiles, qui long-temps, dans notre patrie, égalèrent tout ce qu'on peut citer de fureurs, dont les mouvemens convulsifs causèrent les troubles du règne de *Louis XIII*, & cessèrent avec les agitations de la Fronde. Cette longue succession d'atrocités avoit laissé chez tous les peuples de l'Europe, un courage trop souvent près de la cruauté, & un penchant à la rapine, dont ne furent pas exempts même de Grands Hommes. On comptoit, parmi les moyens de s'enrichir, une campagne comme une opération de Finances. Les Commandans, mal payés, par le désordre qu'une guerre presque continuelle entretenoit dans les Trésors publics, calculoient les produits d'un pillage, d'un dépouillement.... que la nécessité & l'usage sembloient justifier ; l'humanité même n'avoit pas le droit d'arrêter ces excès : car enfin, il falloit être barbare envers les ennemis, ou laisser souvent le soldat sans salaire..... Qu'on juge du sort des vaincus ; en réunissant ce que peuvent causer de maux la vengeance, la cupidité, la force, libres dans le choix de leurs crimes. Les exactions à la guerre sembloient si légitimes, qu'un des héros du siècle de *Louis XIV* s'est vanté *de n'être devenu riche qu'aux dépens de l'ennemi*. *Catinat* ne prit rien à personne, dit un Orateur célèbre : *Vendôme* fit plus ; il dédommagea plusieurs fois ses soldats du pillage qu'il ne voulut pas permettre, & refusa même les trésors que lui offrit en tribut la reconnoissance des Souverains. Loin de nous la louange basse & envieuse qui cherche à rabaisser la grandeur d'un héros pour en exalter un autre ; mais loin de nous aussi la foiblesse qui n'ose prononcer la vérité. Il faut le dire ici ; d'après le refus que fit *Vendôme*, dans sa jeunesse, d'incendier *Worms*, d'après le soin qu'il prit en Espagne de protéger les rebelles vaincus, contre la sévérité de la Cour ; enfin, d'après son mépris pour les richesses, la Postérité reconnoîtra qu'il fut aussi véritablement grand que réellement bon. Elle ne lui reprochera point la soif de l'or, comme à *Villars* ; ni comme à *Turenne*, d'avoir pu se charger de l'embrasement du Palatinat.

Cependant la renommée publioit les succès de *Vendôme* ; le Duc de Savoie faisoit retentir l'Europe de ses plaintes, en implorant l'Angleterre & l'Empire. Il écrit au Prince *Eugène* ; *Eugène* accourt avec de nouvelles cohortes. Fier encore de la victoire de *Hochstedt*, il croit que le temps est venu de faire oublier les avantages qu'obtint sur lui le Prince Français. Il épie le moment de passer l'*Adda* ; mais tous les postes qu'il put surprendre, sont repris (*) ; il faut commencer un combat de marches & de contremarches, de feintes & d'activité. Les mouvemens de *Vendôme* annoncent qu'il prévoit tout ; *Eugène* le voit, & veut tout surmonter.

Comment tracer ici, sans être initié dans l'art des Généraux, ce que ces deux Princes développèrent de talens & d'efforts pour se prévenir, jusqu'à ce que ne pouvant se tromper, ils veulent enfin se vaincre. Tels deux athlètes se croisent, s'observent, s'enlacent. L'un semble fléchir,

---

(*) *Vendôme* assiégeoit *Chivas*, lors du retour du Prince *Eugène*, qui s'avançoit dans le dessein de délivrer les Etats du Duc de Savoie, & de conquérir le Milanès. Il surprit quelques postes dans sa marche, & le Général *Toralba* avec 1600 hommes ; celui-ci avoit cependant été averti par le Grand-Prieur. *Vendôme* laissa le siège au Duc de la *Feuillade*, pour aller au-devant du Prince *Eugène*, & chemin faisant, il enleva les retranchemens des Impériaux à *Savarino* & à *Zenivolta*.

mais c'est pour entraîner son rival; l'autre feint de se livrer, pour mieux terrasser son adversaire : tous deux, par des regards simulés, cherchent à tromper l'attention; long-temps ils n'emploient que l'adresse & la vivacité; tant qu'animés par les pénibles efforts d'une longue résistance, les sens s'irritent, l'orgueil s'enflamme, le sang coule : ils dédaignent l'art & la souplesse; c'est désormais du courage & de la force qu'ils veulent obtenir la palme du succès.

Tel fut à-peu-près le spectacle que donnèrent à l'Italie les deux Princes (*), depuis le retour

---

(*) *Eugène* voulut tenter par le Mantouan le passage qu'il trouvoit impraticable par le Milanès. Il marcha la nuit, passa le pont de *Crème*, en fit rompre trois autres pour n'être pas poursuivi, & remonta le *Naviglio*; mais *Vendôme* le suit de près au pont de *Crème*, place des troupes à *Lodi* sur l'*Adda*, laisse son frère à *Bagnol* avec ordre de le joindre le lendemain à *Agnadel*, & vole à *Cassano*, après avoir fait fortifier tous les endroits où le passage pouvoit s'effectuer. Il apprend que, pour éluder toutes ces précautions, *Eugène* s'est rendu, par une marche forcée, au-dessus de *Cassano*, où il fait construire un pont. *Vendôme* aussi-tôt donne ordre à ses troupes de se hâter, & les précède avec 500 hommes seulement. Le pont étoit presque achevé, & le Duc trop foible pour disputer le passage; mais il observe que le jour baisse, que vis-à-vis la tête du pont est un bois : il y dispose sa petite troupe, & fait un feu nourri avec tant d'art, que les Allemands supposent des ennemis plus nombreux, &

d'*Eugène*, jusqu'à ce que, convaincu de l'impossibilité de passer sans combattre, il attaqua les Français à *Cassano*. Il espéra la victoire, & *Vendôme* l'obtint. Animés par la gloire personnelle autant que par l'intérêt de leurs Souverains, tous deux paroissoient attacher à l'issue de cette journée le sceau de leur réputation : tous deux coururent le plus grand danger ; c'en étoit fait de *Vendôme*, s'il n'eût été adoré. Tandis que pour réparer le désordre (*), il combattoit à la tête de ses

---

croient devoir attendre le jour pour déboucher.... Il n'est plus temps ; les bords du fleuve sont chargés de bataillons Français accourus.... *Eugène*, outré d'être déçu, marque son dépit en faisant tirer sur le quartier du Duc, qui, à son tour, fit balayer les tentes du Prince à coups de canon. Il se douta bien que, désespérant de passer sans combattre, *Eugène* voudroit attaquer l'armée avant que les détachemens occasionnés par la construction du pont, aient pu le rejoindre ; il se pressa d'y retourner avec quelques compagnies de Grenadiers, en donnant ordre au reste de le suivre ; & après avoir laissé une garde vis-à-vis le pont, il arriva peu avant *Eugène*, qui attaqua en effet, tandis que *Vendôme* faisoit ses dispositions.

(*) Les Impériaux emportèrent deux cassines & un pont ; ils crièrent : *Victoire*. *Eugène* partagea les transports de ses soldats, & se crut un moment victorieux. *Vendôme* peu content des dispositions de son frère, observa que, déjà resserrées entre deux rivières, les troupes étoient encore gênées par les bagages, il les fit culbu-

Grenadiers, à pied, l'épée au poing, un ennemi le reconnoît, l'ajuste. *Cotteron*, dont le nom doit à jamais s'allier à celui du Héros, *Cotteron*, Capitaine de ses Gardes, voit l'intention, s'élance

---

ter dans l'eau, & mettoit en ordre les troupes à mesure qu'elles arrivoient.... C'est alors que son cheval ayant été tué sous lui, il guida les Grenadiers, l'épée à la main, & reprit les postes enlevés par les ennemis, &c. On vit les Brigades de *Grancey* & du *Bourg*, ne pouvant se mettre en bataille, entrer dans l'eau jusqu'à la ceinture, & prendre des branches de saules entre les dents pour s'aider à faire leurs décharges. Les Impériaux eurent 6500 hommes tués, 4300 blessés ; on leur fit 2000 prisonniers. &c. le Prince *Eugène* fut blessé; *Vendôme* eut son chapeau, ses bottes & ses habits criblés de coups. Cependant les Impériaux voulurent encore rendre ce combat douteux; mais le Duc de Savoie, qui ne fut pas secouru, en écrivit ainsi à la Reine *Anne* : » Madame, les assu-
» rances que Votre Majesté nous a données que l'armée
» Impériale, sous le commandement du Prince *Eugène*,
» nous joindroit incessamment, & délivreroit nos peu-
» ples du triste état où ils se trouvent, viennent de s'a-
» néantir par le fâcheux succès de la bataille de *Lombarde*.
» Le malheur qui vient d'arriver à cette armée, ne peut
» être attribué à ce Prince ni aux autres Généraux ;
» la mort de quelques-uns & le sang des autres, justifient
» assez leur conduite, &c. » *Eugène* ne put rien effectuer de ses projets, pendant cette campagne ; *Chivas* fut prise, & plusieurs autres places. Les Impériaux se retirèrent toujours devant le Vainqueur, tandis que le Duc de la *Feuillade* préparoit les approches du siège de *Turin*.

au-devant

au-devant du coup, & tombe aux pieds du Prince. *Eugène*, trompé dans son espoir, sembloit tout oublier pour se livrer aux derniers excès du courage. En vain, outré de voir tous ses projets prévenus, voulut-il devoir au gain d'une bataille ce qu'il ne put obtenir des efforts de son génie ; *Vendôme* sut vaincre le guerrier, comme il avoit déconcerté le Général.

Après cette glorieuse campagne, qui confirma son ascendant sur un héros, *Vendôme* courut à *Versailles*, non pour y jouir de sa gloire, mais pour faire agréer au Roi le plan qui devoit achever la conquête des Etats du Duc de Savoie. Sûr que le Prince *Eugène*, constamment occupé du désir de réparer ses échecs, aura été presser des secours à *Vienne*, & reviendra bientôt en Italie, *Vendôme* a prévu tous ses desseins ; il est à *Genes*, tandis que les Impériaux le croient au sein d'une Cour brillante, à se délasser de ses travaux : il a déjà jeté sur ses troupes rassemblées par ses ordres, le coup-d'œil qui doit leur annoncer de nouveaux succès ; elles marchent, à pas pressés, dans l'ombre & le silence. Cependant, le Général qui doit bientôt grossir le nombre des Généraux vaincus par *Vendôme*, a disposé ses troupes en deux corps à portée de se secourir ; il médite sur les promesses d'*Eugène*, & calcule avec confiance ce qu'on doit obtenir d'avantages à son arrivée prochaine. Les premiers rayons du soleil annoncent celle des Français, en frappant sur leurs armes. A cet aspect imprévu, *Reventlau* fait hâter les renforts; mais que peuvent-ils dans cette confusion? Surpris, ils résistent foiblement. Les secours qui se pressent, loin de servir à la défense, accroissent la défaite ; bientôt la fuite est générale; une victoire apprend à l'Italie le retour de *Vendôme* : il put répéter le mot du Conquérant des Gaules, *Veni, vidi, vici.*

Pour réduire ses ennemis, non pas au silence, mais à ne montrer que leur injustice dans leurs assertions, *Vendôme*, ainsi que nous l'avons observé, présenta au Roi le plan de cette campagne, & osa lui en certifier le succès. La veille du combat de *Calcinato* (*), d'après le compte qui lui fut rendu des Impériaux, il écrivit : *J'approche aujourd'hui des ennemis, demain je les battrai.* Il tint parole. Voilà ce que les petites ames appellent présomption ; & voilà le mot d'un Grand

---

(*) 19 Avril 1706. On tua aux ennemis 3000 hommes, on leur fit autant de prisonniers, & les Français prirent 25 drapeaux, 12 étendarts, 6 canons. Le Prince, qui avoit formé le projet de prévenir *Vendôme*, arriva le lendemain du combat; il vit encore écraser sous ses yeux 2000 fuyards. Il fut obligé de se retirer dans le Véronois & vers le Trentin, pour attendre de nouveaux secours des Etats de l'Empereur. *Louis XIV* écrivit au Duc de *Vendôme* la lettre la plus flatteuse sur cette victoire.

Homme : il fuppute l'évènement d'après fes moyens.

D'après la fituation & les talens de fon adverfaire, il annonce le produit néceffaire de ces différentes combinaifons, fans pouvoir être accufé de plus d'orgueil qu'un Géomètre favant, qui promet & donne la folution d'un problème. Mais, telle eft la marche de l'envie ; elle dénigre les talens, jufqu'à ce qu'ils parviennent à cet éclat qui frappe tous les yeux ; alors elle attaque le caractère de ceux dont elle ne peut plus ternir les fuccès. Long-temps elle répéta que, brave à l'excès, *Vendôme* ignoroit l'art de combiner un plan ; qu'il donnoit tout au hafard ; que fes exploits n'étoient que le fruit d'une heureufe témérité. Quelle heureufe témérité, en effet, que celle qui, pendant cinq années, fut conftamment furmonter les plus grands obftacles, & trois des premiers Généraux de l'Europe ! Après avoir vaincu *Eugène* à *Caffano*, *Vendôme* vint détailler au Roi & fes projets & ceux qu'il préfumoit être ceux des ennemis ; les moyens qu'il comptoit employer pour prévenir les uns en affurant les autres ; il traça la marche de fes opérations ; il ofa en prédire le fuccès ; il triompha.... L'envie ne parla plus de prudence, de combinaifons ; elle feignit de s'indigner de l'orgueil de *Vendôme*.

Déjà ce Prince avoit fait fortifier une ligne depuis l'*Adige* jufqu'au lac de *Guarde*, pour em-

pêcher *Eugène* de sortir du Véronois. Le Duc de Savoie paroissoit sans ressources; il ne lui restoit que sa capitale investie; tout sembloit préparer sa perte, quand la France abattue par ses revers en Flandre, ne vit que *Vendôme* capable de la rassurer. Le Roi le choisit » comme un chef qui s'é-
» tant attiré la confiance des Officiers & des sol-
» dats, rendroit aux troupes cet esprit de force
» & d'ascendant si naturel aux Français. » Il dut abandonner le théâtre de ses succès au moment de les couronner par le plus important de tous. En arrivant en Italie, *Vendôme* répara des fautes & des malheurs; son séjour fut marqué par des victoires; son départ fut suivi du plus sanglant désastre (la bataille de *Turin*).

Quoique sa gloire doive encore augmenter, c'est peut-être le moment de faire quelques réflexions sur son génie militaire.

En supposant, autant qu'il se peut, des talens semblables & une bravoure pareille entre trois guerriers illustres, chacun d'eux auroit encore un trait dominant qui le distingueroit de ses égaux. Ainsi, sans prétendre prononcer sur la réputation des héros, *Condé* parut aimer sur-tout à vaincre & le nombre & l'obstacle; il sembla croire que rien ne devoit lui résister. Moins ardent, en apparence, *Turenne*, ne fut pas plus étonné ni des forces ni des difficultés qu'il eut à combattre;

malgré sa modestie, on pouvoit remarquer qu'il sentoit sa supériorité; ses mouvemens donnoient à connoître qu'il comptoit sur une faute de la part de son ennemi, & qu'il attendoit cette faute pour saisir la victoire. *Condé* fut toujours bouillant; *Turenne*, toujours sage. *Vendôme*, avec un naturel qui sembloit le porter à tout négliger pour se livrer aux plaisirs, montra fréquemment les qualités réunies de nos deux plus grands Généraux. Rien ne put surpasser son intrépidité; & il déploya long-temps, contre *Eugène*, cet esprit de sagesse qu'auroit aimé *Turenne*; mais peut-être, eut-il plus encore de l'éclat de *Condé* que de la modération de son rival. Le Vainqueur de *Rocroi* voloit à la victoire, *Turenne* savoit l'attendre, & *Vendôme* l'arracha souvent après avoir donné à l'ennemi l'espoir de la surprendre.

« Ce Prince n'entroit jamais en campagne, » sans bien connoître & le pays & l'ennemi (*Hist.* » *milit. de Quincy.*) »; mais après ces précautions générales, il marchoit ordinairement à son but, sans s'astreindre à suivre une marche calculée, que des circonstances imprévues pourroient déranger. Il se réservoit de saisir les moyens que lui présenteroient l'ennemi, le moment, sa fortune & son cœur. S'il montra plus rarement cette prévoyance qui veut tout préparer, il fit voir, plus que personne, cette heureuse détermination qui fait le meilleur emploi de l'occaſion. Il ne prétendit pas enchaîner les évènemens, il ſut les mettre à profit ; peut-être eſt-ce là ce qui fixe la victoire plus que les combinaiſons qui veulent l'aſſervir, & ne l'obtiennent pas toujours. Ce don précieux de ſaiſir le parti le plus avantageux, dans les haſards toujours renaiſſans d'un combat ou même d'une campagne, ne ſeroit-il pas d'un effet plus heureux que les longs efforts d'un eſprit réfléchi, qui ſouvent, après avoir tracé ſes opérations dans la tranquillité du Cabinet, ſe trouve au dépourvu, quand un des caprices du ſort ſubſtitue un évènement bizarre à ce que l'ordre des choſes ſembloit devoir amener ? Dans ce moment preſſant, ſera-ce la lente réflexion qui réparera le déſordre ? Ah ! c'eſt alors que le génie exécute ce que la prudence ne put jamais prévoir.

Tel fut ſur-tout le trait qui fit remarquer *Vendôme*; la promptitude de la détermination. On pourroit ajouter que les plus grands Généraux ne furent pas toujours heureux dans leurs combinaiſons, & que le petit-fils de *Henri* le fut dans toutes ſes entrepriſes, ſoit qu'il voulût attaquer ou défendre. Mais avec ce génie vif & heureux, il eut auſſi trop de pénétration pour manquer de prudence ; celle-ci dérive de l'autre, de ce tact rapide autant qu'inappréciable, qui nous décide à propos. Dénué de cette pénétration vive, on laiſfera souvent échapper l'occasion qu'on attendit en vain. Oui, la pénétration ou la perspicacité semble être à la prudence, ce qu'est l'esprit au bon sens. Comme l'esprit apperçoit rapidement tous les rapports & toutes les oppositions des objets que le bon sens ne voit qu'isolés, ainsi la perspicacité plus active, trouve, saisit, pressent ou devine ce que la prudence étudie.... On ne devine pas son ennemi sans le prévenir; de-là la célérité des mouvemens, la hardiesse & les succès de *Vendôme*.

Lorsqu'il prit le commandement en Flandre, sous le Duc de Bavière, la France & l'armée attendoient un combat, espéroient une victoire; mais la Cour prescrivit au nouveau Général de se borner à couvrir les frontières. Il fit plus; il osa, par un mouvement qui excita l'admiration des Ennemis, nous porter sur leur territoire. Sage en Flandre, autant qu'il fut entreprenant en Italie, il fut, à la suite des campagnes les plus désastreuses, arrêter, avec des forces inférieures, les progrès de *Marleborough*, ce qui paroîtra, sans doute, un éloge aux yeux des Militaires.

De nouveaux efforts rendirent l'armée Française formidable. Dans l'espoir des succès, *Louis XIV* voulut en faire réjaillir l'honneur sur son petit-fils. Le Duc de Bourgogne eut le commandement suprême, & la Cour crut devoir lui donner un Conseil pour veiller à la fois sur sa personne & sur les forces, dernières ressources de l'Etat. Sans se permettre de déclamations, sans prêter au Conseil des motifs & des intentions odieuses, sans rappeller l'acharnement de l'envie & toutes les difficultés dont elle se plaît à semer la carrière des Grands Hommes, on rapportera les faits; & malheureusement ils seront trop semblables à des inculpations (*). On s'opposa à

(*) Il est une classe de Lecteurs qui me saura gré de m'en tenir à justifier M. de *Vendôme* par le simple exposé des faits, sans prétendre dévoiler les intentions des Princes, les intrigues d'un temps éloigné, & les secrets du Cabinet. J'observerai seulement que grand nombre d'Auteurs & de Mémoires donnent des motifs d'une toute autre importance que celle de contrarier *Vendôme*, à la résolution de ne point attaquer les Ennemis devant *Lille*... Mais je dois défendre d'une manière plus positive encore la mémoire de *Vendôme* contre un Ecrivain qui veut lui imputer le peu de succès de cette campagne. L'auguste Elève de *Fénélon* eut assez de titres à l'amour des Français, sans qu'on soit obligé de l'élever aux dépens de *Vendôme*. Examinons les faits.

Créqui, *Catinat*, *Luxembourg*, *Eugène*, *Marleborough*, *Stahremberg*, *Victor-Amédée*, *Louis XIV*, *Philippe V*, &c. ont dit & écrit souvent que *Vendôme* étoit un des meilleurs Généraux Français; c'étoit le cri du soldat.

Chaque fois que *Vendôme* commanda, il fit plus que le Général auquel il succéda.

Il prit *Barcelone*; ce que n'avoit pu le Maréchal de *Noailles*.

DE VENDOME. 57

tout ce que *Vendôme* propofa ; mais ce qu'il y eut réellement de cruel, c'eſt que l'envie, en jouiſſant de le voir enchaîné, voulut encore faire retomber ſur lui les échecs qu'on recevoit pour n'avoir pas adopté ſes conſeils. Vainement il pro-

---

Il répara les fautes de *Villeroi*, délivra nos Alliés, battit deux fois *Eugène*, conquit tous les Etats du Duc de Savoie, & réduiſit ce Prince à voir ſa Capitale aſſiégée ; ce que ne put jamais obtenir *Catinat* ; *Catinat* ! malgré les déſirs impérieux & les ordres réitérés de *Louvois*.

Il vint, à la ſuite des plus grands malheurs, prendre le commandement en Flandre ; & pendant une campagne & demie, avec une armée moins puiſſante, il empêcha *Marleborough* de rien entreprendre.

Enfin, juſques-là, il n'ouvrit jamais une campagne, n'entreprit pas un ſiège, ne livra pas un combat dont il ne ſortit victorieux.

Il n'eſſuya d'échec que *ſubordonné* au Duc de Bourgogne, & lorſque enſuite il redevint *Général indépendant*, *Vendôme* ſauva l'Eſpagne.

Revenons maintenant à la campagne de *Lille*. Je ne connois pas un Hiſtorien qui ne convienne que *Vendôme* ne fut contrarié en tout ; les détails cités dans l'Eloge ſont exacts : qu'on juge. Eh ! comment rendre reſponſable de l'évènement un homme qui n'eſt pas maître de le diriger ? Le Duc de Bourgogne au-contraire, Commandant ſuprême, n'obéiſſoit qu'à ſa volonté. Soit de ſon propre mouvement, ſoit par les inſinuations de ſon Conſeil, cette volonté fut toujours oppoſée à l'avis de *Vendôme*. S'il ne fut pas vainqueur, c'eſt qu'il ne commanda pas réellement.

posa de se retirer vers la *Dende* : de ce poste que ne pouvoit forcer l'ennemi, on auroit entretenu la communication nécessaire avec *Lille*, *Ypres*, *Bruges*, outre l'avantage d'un jour de marche que l'on conservoit pour défendre le passage de l'*Escaut*. Son avis fut encore rejeté, lorsqu'il vouloit s'approcher du pont des Alliés, & les attaquer au moment où le passage partageroit leur armée. De là la nécessité de se retirer vers *Oudenarde*; de là le combat défavorable qui s'en suivit. Il est vrai qu'on put regarder alors comme un excès de courage la proposition que fit *Vendôme*, de coucher sur le champ de bataille pour renouveler le combat avec le jour; mais enfin, il étoit outré, furieux. Et que sait-on encore ce qu'il eût trouvé de ressources dans son génie & dans la confiance de ses troupes, s'il eût été le maître de développer ses moyens si puissans (*)?

Enfin, les Ennemis entreprennent ce fameux

(*) Ce qu'il y a de sûr, c'est qu'on perdit plus pendant la retraite, & dans la nuit après le combat d'*Oudenarde*, que pendant l'action. A ce combat, amené contre son avis, & dans une position qu'il n'avoit pu choisir, puisqu'il étoit une suite des contradictions qu'on lui faisoit éprouver, *Vendôme* rallia trois fois les troupes de l'arrière-garde; tous ses soins ne purent prévaloir contre les circonstances & les accidens locaux hors de sa puissance.

siège qui rend le nom de *Boufflers* égal à celui des vainqueurs. *Vendôme* veut attaquer les Alliés pour sauver *Lille*, les frontières & l'honneur de la France; le Conseil croit devoir s'opposer à ce dessein. *Vendôme* atteste le témoignage des Militaires, la gloire du Roi, l'intérêt de l'Etat. Il parle en héros, en citoyen, & parle en vain. Instruit de la division des Chefs, le Ministre (*) accourt à l'armée. D'un côté, le nom de *Vendôme*, de l'autre, le rang du Duc de Bourgogne, le rendent indécis; il ne peut prononcer contre le héros, mais il n'ose décider contre le sentiment qui paroît être celui de l'Héritier du Trône. Incertain, il part sans avoir pu concilier les Esprits. L'armée se retira malgré les représentations, les prières & le chagrin de *Vendôme*.

Cette malheureuse campagne ne diminua point la réputation de *Vendôme*. L'Ennemi, la Nation, l'Armée distinguèrent ce qu'il n'avoit pû faire, de ce qu'il auroit fait, s'il n'eût été subordonné. Après la prise de *Leffinge*, se voyant inutile, par le plan du Cabinet, il se retira dans *Anet*. A l'exemple du Grand *Condé*, l'ornement des armées devint, dans sa retraite, les délices d'amis choisis. Loin d'affecter les chagrins & l'orgueil d'un mécontent, il alloit à la Cour satisfaire aux devoirs

---

(*) M. de *Chamillart*.

de son rang, devoirs que son amour pour le Roi lui rendit toujours chers ; mais on ne le vit point briguer de commandement. Satisfait de sa gloire, sûr d'en acquérir encore, si les occasions lui en étoient présentées, il ne les rechercha pas. Amateur des Belles-lettres, leurs productions & leurs jeux égayoient sa retraite. Il rendit aussi le tribut qu'on doit à la beauté, sans cependant se laisser gouverner par elle. Il est vrai que, jusqu'alors, ami plus fidèle qu'amant constant, ses inclinations parurent plus souvent un hommage à la galanterie, qu'un culte à l'amour. Tranquile, il jouissoit du bonheur qu'il répandoit sur sa petite Cour. On ne voyoit pas le faste d'un Monarque dans *Anet*, mais un Héros aimable, des femmes charmantes, des hommes d'esprit, le plaisir & la liberté.

Cependant une situation aussi calme ne pouvoit long-temps satisfaire à cette extrême activité qui caractérisa *Vendôme* ; ce naturel ardent (qu'occupèrent de si grands intérêts) avoit besoin d'être fixé par des liens puissans. Bientôt il chercha un objet capable de lui tenir lieu de la gloire, & de remplir tout son cœur ; en méritant & son estime & son amour. On reconnut le choix d'un Héros, lorsque *Vendôme* épousa la petite-fille du Grand *Condé* ; mais il ne jouit pas long-temps des douceurs d'une union si belle. Mars vint l'arracher aux plaisirs de l'hymen; ce fut pour l'élever au comble de la gloire.

Louis XIV. n'avoit pu obtenir la paix au Congrès de *Gertruydenberg* : envain il s'étoit soumis aux plus dures conditions : les Hollandois surtout furent inflexibles. Ni les malheurs d'une Nation qui jadis protégea leur liberté, ni la grandeur terrassée d'un Prince éclatant de cinquante ans de gloire, accablé d'infortunes domestiques, avouant les torts de son ambition, suppliant à *Gertruydenberg*, après avoir montré la modération d'un vainqueur à *Risvick*; rien ne fut capable de les toucher. Stupides de fureur, ils ne vouloient entendre & répéter que des cris de vengeance. Décence, humanité, justice, intérêt d'Etat même, ils sacrifioient tout au désir de voir le Grand Roi écrasé. Son humiliation, sa condescendance ne peuvent les satisfaire; il a cédé, il faut quil rampe. Oui; c'est envain qu'il offre d'abandonner *Philippe* à lui-même; le barbare Hollandois ose lui prescrire d'offenser l'honneur & la nature. Il faut qu'il détruise son ouvrage; que les Français versent leur sang pour détrôner celui de leur Souverain; il faut que la main de l'ayeul déchire elle-même le bandeau des Rois, dont elle se plut à parer le front d'un petit-fils..... Tant de férocité force *Louis* à continuer la guerre au sein de l'infortune.... La mort frappoit autour de lui les têtes les plus chéries; les pertes se succédoient sur les frontières; la famine dévastoit les Etats; ses peuples languissoient exténués de besoin & de sang. *Louis* se justifie devant eux, implore la clémence céleste, & jure de s'ensevelir sous les débris du trône ou d'obtenir des conditions dignes du Souverain & de l'empire Français.

Toutes les actions du Roi, dans ces cruelles circonstances, le font paroître plus grand qu'aux jours de ses triomphes. Les peuples éblouis de tant d'éclat, l'admiroient alors; mais dans ces momens désastreux, la réflexion voit en *Louis XIV* le Roi faisant le sacrifice de sa fierté, par le noble aveu de ses torts; le père accablé de ses pertes, contenir sa douleur; l'homme courageux, ayant cédé tout ce qu'il peut céder sans opprobre, opposer enfin à la barbarie une noble constance. On le suit, on le plaint; le cœur souffre; on l'admire; on partage tous les sentimens qu'il éprouve, & après avoir été révolté de l'orgueil outrageant de ses Ennemis, on respire enfin, quand les succès viennent couronner tant d'élévation, de malheurs & de constance.

Le Roi rappella, pour sa propre défense, les troupes qu'il avoit en Espagne. *Philippe* se voyant abandonné, demanda *Vendôme*, & se rappellant les plaines de *Luzara*, espéra que le défenseur de l'Italie seroit aussi celui de l'Espagne.

Ils étoient passés ces jours de splendeur, où l'orgueilleuse Espagne, Souveraine du Portugal & d'un Monde nouveau, dont les trésors sembloient encore ne s'ouvrir que pour elle, voulut subjuguer l'Angleterre, & conçut le projet d'assujettir la France! Maintenant, loin d'entreprendre des conquêtes, elle abandonnoit la défense de ses possessions éloignées, & malgré tant de sacrifices, ne pouvoit garantir ses propres foyers de l'invasion. Entamée de toute part, elle voyoit le Portugal même venger sa honte passée, en ravageant les frontières de son ancienne dominatrice. Les flottes Angloises enveloppoient, dans leurs vastes croisières, & l'Océan & la Méditerranée; leur pavillon insultoit *le Ferrol*, enchaînoit les *Colonnes d'Hercule*, & dominoit dans *Barcelonne*; *Stahremberg* répandoit le sang des Castillans au sein même de la Castille; *Philippe* dut fuir deux fois de sa Capitale devant un concurrent vainqueur; & *Louis*, tremblant pour ses propres Etats, abandonnoit son petit-fils à ses seules forces, ou plutôt à ses malheurs.... Dans cette déplorable situation, les sujets de *Philippe* n'ont nul espoir même éloigné. Courbés sous les revers, ils gémissent, se raniment, combattent, succombent.... & se relèvent encore pour être encore frappés. Entourés des débris des armées & de leur fortune, ne voyant autour d'eux que des campagnes ravagées, des villes fumantes, & des peuples en fuite, les Grands s'assemblent, résolus d'attendre la catastrophe sanglante que semble leur présager leur inflexible constance, ou les succès imprévus dont souvent cette vertu se voit couronner. *Philippe* est notre Roi, disent ces hommes véritablement grands; s'il nous est impossible de le soutenir sur le trône, nous pouvons au moins verser pour lui ce qui nous reste de sang. Notre perte paroît certaine, il faut la rendre illustre. Choisissons un héros digne de diriger nos derniers efforts; peut-être pourra-t-il ranimer notre Espagne expirante. Il verra du moins l'Espagnol, au-dessus des revers, tomber, mais sans fléchir, sous le coup qui l'écrase.

Ce fut l'assemblée de tels hommes qui demanda *Vendôme* pour se relever ou périr avec gloire. Ils écrivirent à *Louis XIV* : *Nous sommes malheureux, mais fidèles. Vous ne pouvez plus rien pour nous; vos trésors sont épuisés; les soldats vous manquent : envoyez-nous Vendôme.*

Ce Prince auroit pu paroître mécontent de la Cour, qui ne l'employa qu'après des revers. Il n'obtint le commandement en Catalogne, que dans des temps extrêmement difficiles; il ne fut Général en Italie, qu'après les fautes de *Villeroi*; nos défaites l'appellèrent en Flandre, & malgré le mérite de sa première campagne, dans ce commandement,

mandement, malgré des succès non interrompus jusqu'alors, on voulut le rendre responsable de ceux qu'il n'obtint pas lorsqu'il fut enchaîné. Loin de lui rendre ensuite un commandement indépendant, *Villars* l'obtint. *Villars* s'en acquitta dignement; mais peut-être n'auroit-il pas dû l'emporter sur *Vendôme*. Ce héros est réservé pour des périls encore plus évidens. Il faut que le trône de *Philippe* soit ébranlé, que sa couronne chancelle, que le sceptre échappe de ses mains; il faut enfin le vœu de ce Monarque & l'acclamation de ses sujets, pour que *Vendôme* reparoisse encore à la tête des armées.

Les douceurs d'un hymen nouveau, le souvenir de son amour propre offensé, l'aspect d'une entreprise qui n'offroit que des travaux, des périls, sans apparence de réussite, rien ne peut lui causer un moment d'irrésolution. Instruit par l'exemple, il pouvoit craindre encore, outre le danger d'une autorité contrariée, que les malheurs ne lui fussent imputés, & que l'honneur des succès n'appartînt qu'au Roi seul; mais *Vendôme* étoit incapable de ces retours sur son intérêt personnel; il ne voit que l'humiliation des deux Couronnes. *Philippe* lui mande qu'il espère encore, si le vainqueur de *Cassano* veut combattre pour lui. *Louis XIV* le prie de secourir son petit-fils. Ah! c'en est trop, Grand Monarque; connoissez mieux *Vendôme*. Faut-il presser le descendant de *Henri* de combattre les ennemis de la France, de défendre des peuples accablés, de servir un jeune Roi, qu'il rendit autrefois victorieux, & qu'il voit maintenant dans l'infortune? Il se hâte, & donne, en courant aux plus grands exploits qui puissent signaler un guerrier, l'exemple des vertus qui peuvent le plus illustrer la mémoire d'un citoyen. *Non; Sire*, dit-il à *Louis* (qui lui offroit 150,000 liv. pour sa campagne) *non; gardez cet or pour ceux qui ne peuvent soutenir l'Etat sans ce secours, ou qui feignent ne le pouvoir. Les ennemis de votre Majesté font trop tout ce qui doit ramener dans le cœur de vos vrais serviteurs le zèle & l'énergie, endormis par une longue prospérité. J'ai trouvé, dans mes ressources, de quoi faire cette campagne; j'espère même ne rien coûter à l'Espagne.*

O paroles d'un Grand Homme (*)! Il part. Ses vertus & sa réputation; tels sont les secours qu'il conduit à *Philippe*.

(*) Ce désintéressement, si beau par lui-même, devient plus grand encore, quand on sait que le Roi ne donna au Duc de *Vendôme* la charge de Général des Galères, qu'après lui avoir demandé par écrit s'il étoit en état d'en payer le prix. D'ailleurs, ce Prince donnoit tant, & négligeoit tellement ses affaires, qu'il étoit toujours à l'étroit.

Au milieu de sa course, il apprend le nouveau malheur de *Sarragosse*; on ignoroit même le sort du Roi. Désormais toute espérance paroîtroit une témérité ; mais ce fut pour peindre *Vendôme* & ses semblables, que l'ame de *Corneille* enfanta cette pensée sublime :

A vaincre sans péril, on triomphe sans gloire.

Il s'informe des projets des Impériaux. Apprenant qu'ils sont dans *Madrid*, au lieu de s'être avancés vers la Navarre, il prévoit l'issue d'une fausse combinaison : déjà son plan est arrêté pour prévenir la jonction des Alliés. *Si je retrouve le Roi*, dit-il, *tout est sauvé*. Dès qu'il est en Espagne, sa marche devient un triomphe ; les peuples accourent, & jettent des fleurs sur son passage. Il répond à leur empressement avec affabilité ; flatte la Noblesse, s'informe du caractère des Commandans, & témoigne en tous lieux son estime pour la nation Espagnole, qui, d'avance, le nomme son libérateur. Sa présence consola la Cour consternée. Sans dissimuler au Roi le péril de sa situation, entraîné, sans doute, par un de ces pressentimens qu'éprouvent les Grands Hommes, il lui promit qu'avant la fin de l'année, il le rendra aux vœux de sa Capitale.

Cette promesse pouvoit paroître plus fastueuse que facile à remplir. Les peuples étoient abattus & ruinés ; la Cour n'avoit que des débris de troupes fugitives ; l'or manquoit. *Stahremberg* au contraire dominoit dans la Capitale ; ses troupes aguerries étoient victorieuses, enrichies des dépouilles de l'Espagne, & soudoyées par les trésors de l'Angleterre & de la Hollande.

Mais l'arrivée de *Vendôme* a ranimé l'Espérance ; les soldats dispersés accourent de toutes parts rejoindre leurs drapeaux ; les milices se présentent d'elles-mêmes ; la Noblesse ne veut d'autre prix de ses services que l'honneur qu'elle doit acquérir sous un Général aussi célèbre. Les Ministres de la Religion augmentent l'ardeur des peuples, en se dépouillant des richesses dont la piété fit hommage aux Autels. Enfin, le Clergé, les Grands, les particuliers opulens, les villes & les communautés, tous donnèrent des secours ; jamais on ne vit briller avec plus d'éclat l'énergie & la grandeur de la nation Espagnole.

La vertu même n'est pas exempte de foiblesses. Parmi tant de dangers & d'efforts, à la veille des événemens qui doivent fixer à jamais les destins de l'Etat, les Grands d'Espagne, jaloux des droits d'un rang dont on connoît la fierté, délibèrent s'ils doivent donner le pas au Prince Français : *Je ne suis pas venu vous disputer des honneurs*, leur dit-il, apprenant leurs débats, *mais pour vous servir: vieux soldat, je ne veux pas d'autre rang ; donnez-moi seulement un peu d'argent & de farine pour mes camarades.* Cette noble simplicité le rendit cher aux Espagnols. Ils respectoient sa réputation; ils adorèrent son caractère.

Pour rendre utile l'enthousiasme général, *Vendôme* fait occuper le pont de *Cazal* & le poste d'*Almeras*. Ces mouvemens doivent empêcher la jonction des Portugais. Il tempère aussi l'ardeur du Roi, qui vouloit un combat; mais il rassemble les corps nouvellement formés, harcelle les Impériaux, éprouve ses troupes par de petites attaques, où soutenues à propos, elles obtiennent l'avantage & l'occasion de s'estimer. Ainsi *Vendôme* combine tout avant de rien hasarder; il observe, inquiète par tout les Généraux de l'Archiduc; & satisfait de les avoir forcés à quitter la Capitale, en temporisant, il médite le moment, & prépare les moyens de leur porter bientôt un coup décisif.

Après la retraite de l'Archiduc, le Roi ne put se refuser à l'empressement de sa Capitale, impatiente de le revoir. Seroit-ce une épisode de retracer ici l'amour des Espagnols pour leur Souverain? Ce tableau ne peut paroître étranger aux Français. On aime à retrouver les sentimens de son cœur chez ceux qu'on estime.

Non loin de *Madrid* est un temple (*Notre-Dame d'Atocha*) consacré par la dévotion des Monarques Espagnols. *Philippe* venoit de rendre graces à l'Etre suprême de la retraite de l'Archiduc; comme il montoit à cheval, une telle multitude l'environna, qu'il fut impossible d'avancer. L'attentive bonté de ce Prince défendit de repousser personne dans ce jour d'effusion, où les cœurs voloient à sa rencontre. Chacun vouloit baiser ses mains, embrasser ses genoux, ou au moins toucher ses vêtemens. Toutes les voix réunies ne formoient qu'une acclamation de *Vive Philippe, qui nous aime, & que nous chérissons.* Près de la ville, les différens ordres vinrent le recevoir, & l'allégresse fut portée à son comble. Portes, fenêtres, balcons, toits, clochers, tout étoit couvert de tapisseries, & surchargé d'habitans. Le Monarque marchoit sur des fleurs, que le peuple empressé avoit semées sous ses pas; tous les vœux lui étoient prodigués. On entendoit les mères répéter à leurs fils: *Le voilà, mon enfant; le voilà le vrai Roi.* La jeunesse étoit ivre de joie, & les vieillards pleuroient d'attendrissement. *Philippe* lui-même ne put résister à tant d'amour; il laissa couler des pleurs, en s'écriant plusieurs fois: *Je t'aime, ma chère* Madrid, *oui, je t'aime.* Pleurs précieux, sentimens adorables, vous méritiez & payiez à la fois un aussi vif attachement. C'est ainsi que *Philippe* fut reconduit dans le palais des Souverains. Là, une Dame de la Reine se jette aux pieds du Monarque; mais faisant bientôt céder son respect au transport de sa tendresse, elle saute au cou du Roi, le contemple & le serre en ses bras..... Cependant les cours de la demeure royale étoient remplies d'une multitude innombrable, revêtue de costumes allégoriques, faisant sonner des trompettes, & retentir le bruit de mille instrumens; de magnifiques cavalcades passoient sous les fenêtres du palais; l'air brilloit, éclatant de mille feux de joie, qui sembloient annoncer au loin la fuite de l'Archiduc, la gloire de *Philippe*, & la fidélité des généreux Castillans.

Vendôme partagea tant d'honneur; le peuple se plut à confondre, dans ses transports, & le Maître & le défenseur du Trône.

Malgré le tumulte des fêtes, il veilloit sur les ennemis. Après avoir donné quelques jours à la tendresse mutuelle du Souverain & des sujets, il annonce au Roi que les temps sont venus. *Philippe* marche à la tête de ses troupes, malgré l'amour inquiet de sa Capitale, qui voudroit le retenir dans son sein.

Vendôme suit les ennemis dans leur retraite; il presse sa marche, & arrive à *Guadalaxara*. Les Gardes du Roi se préparoient à passer le pont: *Vendôme* calcule le retard que cette manœuvre peut causer à son Infanterie, & rendre sa poursuite inutile; il fait sonder le *Tage*, qui se trouve rapide & profond; des roches, dans le milieu, en mettant obstacle à son cours, forment des tourbillons & augmentent le péril : cependant le salut de l'Etat peut dépendre d'un jour de marche. *Vendôme* s'adresse aux Gardes ; = *Mes amis, vous êtes braves ; nous avons besoin de diligence....* Il dit, & déjà son coursier fend les flots ; Gardes & Cavaliers se hâtent, à rangs pressés, de suivre & de garantir le Héros.

Il apprend que six mille Anglois, l'élite & l'arrière-garde de l'armée qu'il poursuit, se sont renfermés dans *Brihuéga*, avec le plus précieux de leur butin ; ils espèrent se défendre jusqu'à ce que *Stahremberg*, instruit des mouvemens du Prince Français, revienne sur ses pas ; mais *Vendôme* est aux pieds de leurs murs.

Environner la place, disposer l'attaque, faire observer la marche de *Stahremberg*, & malgré la force des retranchemens, la bravoure des Anglois, & leur feu terrible, s'élancer sur la brèche, & forcer la victoire (*), tout fut l'ouvrage

_____

(*) *Vendôme*, pour forcer l'attaque, sauta sur la brèche, l'épée à la main ; il y fut suivi par le Roi même, quoique les balles sifflassent de tous côtés. *Vendôme* dit alors au Roi : *Sire, ces gens là ont peur ; ils ne savent plus ajuster ; nous aurions dû être tués depuis long-temps.* Stanhope fit présenter au Duc un cheval Anglois superbe. En acceptant ce présent, *Vendôme*, qui n'avoit que le nécessaire, étoit fort embarrassé de ce qu'il lui offriroit ; ce fut enfin l'unique boîte d'or dont il se servoit. Les Espagnols

d'un jour. *Stanhope* remit au vainqueur *Brihuéga*, ses troupes & les richesses ramassées en ravageant l'Espagne.

Cette importante & rapide conquête annonce que le destin de l'Etat est changé : c'est le premier trait de lumière qui présage un soleil éclatant. L'Espagnol craignit *Stahremberg* ; maintenant il ose le défier.

Le sort de la France & de l'Espagne, dans cette guerre, parut dépendre du sort de l'Angleterre. Six mille prisonniers dans *Brihuéga*, & douze mille qui se séparèrent des Alliés, en Flandre, changèrent les destinées des deux Couronnes ; mais *Villars* ne fit pas éprouver au Duc d'*Ormond* le sort que *Vendôme* fit subir à *Stanhope*. Ce Prince, d'ailleurs, ne trouva ni fautes, ni négligences dont il pût profiter. Si l'affaire de *Denain* parut un hasard bien saisi, celle de *Brihuéga*, ainsi que la bataille qui la suivit, sembla l'exécution hardie d'un projet bien conçu. Ces journées furent toutes deux le salut de la France & de l'Espagne. Si la première brille davantage aux

---

levés à la hâte & mal vêtus, combattirent en lions, à l'attaque de *Brihuéga* ; ils voulurent ôter aux prisonniers leurs habits pour s'en revêtir. *Vendôme* les en empêcha, en leur représentant qu'il étoit honteux de dépouiller des vaincus, & qu'il valoit mieux attendre leurs vêtemens de la générosité du Roi.

regards d'un Français, par un intérêt plus direct; l'autre, avec le même mérite aux yeux d'un Espagnol, préfente encore à l'obfervateur celui d'un plan préparé, des moyens de réuffite moins étendus, plus de difficultés, plus de périls dans l'exécution, & conféquemment plus de gloire.

A peine *Stanhope* étoit rendu, que le canon de *Stahremberg* annonce fon arrivée, & donne à connoître le prix de la célérité du Prince Français. Les Ennemis foupçonnent la perte de leurs Alliés; nuls fignaux ne répondent aux leurs. Un Officier Général (*) confeille à *Stahremberg* de fe retirer: *Vous connoiffez bien* Vendôme, répond-il; *avant deux heures il faut combattre*.

En effet, les difpofitions font achevées; le Prince a donné pour fignal de la victoire : *Philippe Quinto*.

Le Monarque, impatient lui-même, cède aux cris de fes troupes, qui brûlent d'effacer la honte de *Sarragoffe*. La Cavalerie Efpagnole renverfa tout ce qui lui fut oppofé. *Vendôme* s'étoit réfervé l'attaque d'un bataillon carré, l'élite des troupes de *Stahremberg*, dont les flancs étoient protégés par plufieurs efcadrons. La fermeté de ce corps réfifta cinq heures aux plus impétueux efforts. Le

―――――――――――――――――

(*) *Belcaftel*, Chef des Hollandois. Il fut tué dans la bataille.

Duc mena les Gardes Espagnoles trois fois à la charge. Tout étoit défait ; cette formidable Infanterie résistoit toujours. Entamée, vers la fin du jour, par les efforts de *Vendôme*, jusqu'à la seconde ligne, ayant perdu son artillerie, elle se ralloit par pelotons, & combattoit encore. La nuit vint enfin empêcher sa défaite totale, après celle du reste de l'armée. *Stahremberg* avoit vu fuir ses Alliés ; il profita des ténèbres & d'un épais brouillard, pour sauver les débris de sa brave Infanterie. Ce fut la seconde fois qu'il obtint, contre *Vendôme*, l'honneur d'une belle quoique malheureuse défense (*).

(*) Les Allemands, ainsi que leurs Alliés, perdirent à cette bataille 20 pièces de canons, 2 mortiers, 14 étendards, 54 drapeaux, 10 paires de timballes, un grand nombre de chevaux, 80 chariots attelés chacun de huit mules. On leur tua près de 6000 hommes ; ils eurent 3000 blessés, dont la plupart moururent. On leur fit 3200 prisonniers dans l'action, & 3600 pris dans la retraite, par Don *Joseph Valleyos*. Le bas de la montagne étoit couvert de voitures, de chevaux & de plus de 2000 maragattes, dont profitèrent les paysans. Ajoutez à cette perte celle de 6000 Anglois pris dans *Brihuéga*. Tel fut le coup que porta *Vendôme*, en un même jour, aux ennemis de *Philippe*, avec des troupes partie récemment battues, & partie levées à la hâte. Il est vrai que, guidés par leur Roi & par un Héros, tous les Espagnols combattirent à *Brihuéga* & à *Villaviciosa* avec l'intrépidité que peut donner à de braves gens l'ardeur de se venger.

Si le Roi d'Espagne mérita l'amour de ses sujets par sa bonté, il sut mériter aussi sa Couronne par sa bravoure à *Villaviciosa*. Il combattit pendant cinq heures, & défit tout ce qui lui résista. Rien n'est plus beau, sans doute, si ce n'est de voir ce Monarque, qui vient d'exposer sa vie pour sa Couronne, victorieux enfin, encore couvert de sang & de poussière, épuisé de fatigue, étendu sur un amas de drapeaux arrachés aux vaincus (*), oublier, dans ce moment, ses trophées & sa gloire, pour n'écouter que sa reconnoissance, & dire à son appui : *Je vous dois ma Couronne*.

Les étendards ennemis, foulés sous le Monarque Espagnol, annoncèrent la supériorité qu'il conserva depuis ce jour fameux. Sa Capitale cessa de craindre le joug des Etrangers ; ce ne fut plus qu'au loin qu'ils prolongèrent une guerre inutile à leurs projets, & qui ne servit qu'à voiler leur orgueil écrasé. L'Espagne fut libre & vengée ; la Couronne présentée à *Philippe* par le vœu unanime de ses peuples, fut fixée sur son front des mains

---

(*) *Vendôme* fit en effet préparer au Roi, qui avoit le plus grand besoin de repos, un lit de cette espèce. Il répondit au Roi : *Sire, vous avez vaincu vos ennemis, & moi, les miens*. Philippe écrivit à la Reine, à *Louis XIV* sur la caisse d'un tambour, la nuit du gain de la bataille.

de la victoire. *Louis XIV* vit luir encore l'espoir d'un avenir heureux; & l'on nomma *Vendôme* le *Défenseur des Rois* (*).

Il put jouir, le lendemain, d'un spectacle à la fois flatteur, & terrible, & touchant. Seul, placé sur une élévation, il contemple le théâtre de sa gloire. Les vallons & les hauteurs de *Villaviciosa* sont couverts de débris d'armes, de morts, de bagages & de chariots abandonnés. Mille & mille chevaux errent ou paissent, en attendant que la main du vainqueur les saisisse. On voit accourir les villageois des environs, les religieux, les habitans des villes, tous se joignent aux guerriers victorieux pour partager les dépouilles. Le jeune soldat, enorgueilli de l'honneur qu'il vient d'acquérir, croit se rendre plus redoutable encore, s'il ceint une épée arrachée aux vaincus. Il brûle d'envoyer à ses parens sa part des trophées; le laboureur & le citadin voudroient aussi montrer à leurs familles des marques de la défaite de *Stahremberg*, de la gloire de la Nation, & du triomphe de leur

---

(*) *Louis XIV*, en apprenant l'heureuse révolution arrivée en Espagne, s'écria: *Un homme de plus a fait cela !* Le Roi fut d'autant plus flatté de cet événement, que, dans son Conseil, on s'étoit opposé au départ du Duc pour l'Espagne, quoiqu'on ne lui donnât ni troupes ni argent. Ceux qui ne l'aimoient pas, le connoissoient bien cependant; ils prévoyoient qu'avec plus d'obstacles il obtiendroit plus de gloire.

Monarque. *Vendôme* est béni mille fois. Là, dit un soldat, il commença l'attaque; ici, dit un grenadier, il déborda le fameux bataillon, & nous guidant, le feu dans les yeux, & le fer à la main, il nous fit enlever le canon des ennemis; ici..... Cependant ils oublient de ramasser le butin pour célébrer *Vendôme*; le pâtre, le laboureur, tous écoutent attentifs.... Bientôt le nom du Prince & du Roi volent de bouche en bouche; l'écho des collines reçoit & fait retentir au loin un bruit d'acclamations, qui s'élève jusqu'au Héros dont il pénètre le cœur & paie les vertus.

Ceux qui se plaisent à suivre l'homme obéissant à son naturel, après avoir admiré le héros au faîte de la gloire, aimeront peut-être à se promener sur les pas de *Vendôme* cherchant, au champ de sa victoire, la part & le témoignage qu'il veut s'en réserver. Quelque temps indécis, le hasard lui fit appercevoir, tapi & tremblant près d'un monceau de pierres, un de ces animaux, symbole de la fidélité, aimable par son instinct & par son attachement... Eh! pourquoi n'oser pas le nommer? Un petit chien (*) fut le prix que se réserva le vainqueur de *Villaviciosa*, parmi tant d'objets qui pouvoient satisfaire l'orgueil ou la soif des richesses. Ce détail paroîtra peut-être

---

(*) Il le nomma *la Déroute*, & s'y attacha beaucoup.

trivial ; il m'a semblé peindre un sentiment sublime.

Si l'on doit faire rougir l'orgueil qui méconnoît dans la prospérité, les services qu'elle reçut dans l'infortune, combien n'est-il pas doux d'avoir à célébrer la reconnoissance d'un Grand Roi envers un Grand Homme ? *Philippe* se plut à combler *Vendôme* des preuves de la sienne. Non-seulement il voulut que son appui, après avoir fait fuir *Stahremberg* de *Sarragosse*, vînt à *Madrid* avec lui, jouir de leur commune gloire, mais il le déclara Premier Prince de son Sang, & s'empressa de prélever une forte somme (500,000 liv.) sur ses trésors arrivés récemment de l'Amérique, pour lui en faire hommage. *Sire*, dit le Prince, *je suis sensible à la magnificence de votre Majesté; mais je la supplie de faire distribuer cet or à ses braves Espagnols, dont la valeur lui conserva tant de Royaumes en un jour.* Je ne crois pas qu'il y ait d'exemple de plus de grandeur & de plus de modestie. Avec combien de délicatesse n'éloignoit-il pas ce qui pouvoit paroître fastueux dans un pareil refus, en rappellant à la fois ce qui le justifioit le mieux, & flattoit davantage la bravoure Espagnole ?

Le désintéressement de ce Héros, le peu d'importance qu'il attachoit à ses plus belles actions, & son extrême affabilité, le rendirent peut-être plus étonnant encore que la rapidité de ses succès inespérés. Cependant la confiance que son nom inspira, l'ordre qu'il rétablit, la prudence avec laquelle il tempéra l'ardeur du Roi, ses opérations pour prévenir la jonction des ennemis, un fleuve passé à la nage, *Stanhope* enlevé, *Stahremberg* défait, le Trône de *Philippe* affermi pour toujours, & tant de grands événemens, dans l'espace de trois mois, parurent un miracle aux yeux de l'Europe étonnée. Les Souverains & les peuples célébroient à l'envi la gloire de *Vendôme*. *Louis XIV* joignit les marques de son estime (*) aux témoignages de la reconnoissance de *Philippe*. Les Espagnols ne le nommoient que leur *Libérateur*. Il acheva de gagner tous les cœurs en protégeant les habitans de *Valence* & d'*Arragon* contre la sévérité de la Cour; ses troupes reçurent ordre de ne jamais se permettre l'injure ni le reproche contre les nouveaux subjugués. Il les retint dans le devoir par la voie des bienfaits. Aussi devint-il

---

(*) Il écrivit au Prince la lettre la plus honorable. Un Officier se permit de dire que ce n'étoit pas comme cela qu'on payoit de pareils services. *Vendôme*, habituellement simple & sans ostentation, n'en avoit pas moins le sentiment de la grandeur; mais il ne le faisoit paroître que dans peu de circonstances. Blessé, dans celle-ci, du propos de cet Officier : *Vous vous trompez*, lui dit-il; *des hommes comme moi ne se paient que par des papiers & des honneurs.*

l'idole

l'idole de ceux qu'il dompta, comme de ceux dont il fut le vengeur (*).

Les momens qui fembloient devoir être confacrés au repos, *Vendôme* favoit encore les rendre utiles aux intérêts des deux Couronnes. Il veilloit, d'un côté, fur les opérations; & de l'autre, fes conférences avec le Général *Stanhope*, fon prifonnier, firent naître le premier efpoir d'une paix particulière avec l'Angleterre. Ainfi, ce Prince cultiva l'olive & le laurier, & mérita la couronne dont on récompenfoit les vertus des bons citoyens, comme celles décernées aux Généraux vainqueurs.

Enfin, *Vendôme* marche une feconde fois vers la Catalogne, dernier afyle des ennemis & de ceux qui fuivirent leurs étendards. L'Efpagne fait des vœux; *Stahremberg* prépare une pénible défenfe, dont il a trop appris à redouter l'iffue, & déjà l'orgueilleux Catalan tremble à l'afpect de fon ancien vainqueur. Mais il en a fait affez, il a ouvert la carrière des fuccès; il ne refte plus que des lauriers ordinaires à cueillir; de moins illuftres

---

(*) Il chaffoit fouvent, fans fuite, dans ce pays nouvellement foumis, & dans lequel il fe trouvoit encore des mécontens & des partis. Il fe contentoit de répondre à ceux qui lui repréfentoient combien il s'expofoit: *Comment voulez-vous que ces gens veuillent du mal à celui qu'ils favent ne leur vouloir que du bien?*

F

mains pourront les moiſſonner.... Le Ciel ſembla n'avoir conſervé ce Héros parmi tant de périls, que pour lui réſerver l'honneur de fixer les deſtins de l'Eſpagne; il l'enlève au moment où ſa réputation ne peut être augmentée. *Vendôme* n'eſt plus! mais ſon dernier exploit a ſurpaſſé les autres. Emule de *Luxembourg* & de *Catinat*, il dompta la Catalogne; deux fois il fut vainqueur d'*Eugène*; il meurt après avoir relevé la fortune de *Philippe* & ſon Trône chancelant: il meurt avant le temps que la nature ſemble accorder à notre exiſtence (*); mais c'eſt au faîte de la gloire qu'il diſparoît à nos

___

(*) Le Duc de *Vendôme* mourut à *Vinaros*, le 11 Juin 1712, âgé de 58 ans, des ſuites d'une indigeſtion, pour avoir fait un trop fréquent uſage de coquillages de mer, dans un lieu nommé *Algrans*, & par l'ignorance de ſon Chirurgien. C'eſt un contraſte aſſez frappant des grandeurs & des misères humaines, de voir un Prince, libérateur d'un Etat puiſſant, mourir, faute des ſecours que le particulier le moins aiſé de *Paris* feroit à même de ſe procurer. La bonté de *Vendôme* ne ſe démentit point; il reprit ſon Chirurgien avec beaucoup de douceur, quand celui-ci lui avoua le danger de ſa ſituation, & combien il regrettoit de n'avoir pas appellé les Médecins. Maître entier de ſa tête, près de ſon dernier inſtant, & voyant l'Abbé *Albergotti* (depuis Cardinal) pleurer, il lui dit encore: *Mon cher Abbé, il faut nous quitter; que puis-je faire pour vous?* Enfin, il montra autant de tranquillité que de réſignation, & édifia par ſa piété ceux qui le reſpectoient comme un Héros.

regards. Tels on voit, dans des jours de triomphe, ces feux élancés vers la nue.... Leur jet est tracé, dans les airs, en sillons lumineux; au plus haut de leur cours, ils tonnent, éclatent, brillent; mille étoiles étincèlent; le peuple admire.... ils ne sont plus! En vain l'œil ébloui voudroit jouir encore d'un spectacle si beau.

C'est ainsi que nous frappe l'éclat des succès; les vertus laissent une impression plus profonde & plus chère.

Il en est peu dont *Vendôme* n'ait donné l'exemple. Une morale sévère pourroit lui reprocher des mœurs un peu libres, qui peut-être ajoutoient à l'agrément de sa société. Trop facile à pardonner, comme Général, il en devenoit plus cher à l'homme sensible. La prodigalité qu'on lui reprocha, ne fut jamais chez lui le désir d'égaler ou d'effacer le luxe de ses pareils, mais le besoin d'obliger ses amis, de récompenser ses soldats, de satisfaire tout ce qui l'environnoit. Plusieurs fois elle fut utile à ses projets : jamais Général ne fut mieux servi par ces êtres vils, mais nécessaires, dont l'avidité basse autant que hardie, ignore l'honneur, brave le danger, ne voit que l'or, & vend à la libéralité les secrets qu'elle peut surprendre à la prudence.

Les ennemis de *Vendôme* furent réduits à ne blâmer en lui que l'excès des vertus; une générosité sans bornes, une affabilité nuisible à la dignité d'un Prince, qui, moins réellement grand que lui, n'auroit pas inspiré un respect égal à l'amour qu'on lui portoit; une valeur assimilée trop souvent à la témérité, & qu'il sut cependant toujours subordonner aux circonstances (*). Des êtres dont l'ame n'étoit parée sans doute d'aucune de ses vertus, lui firent encore un crime de son extérieur négligé. En avouant que le petit-fils de *Henri* auroit pu pousser moins loin son insouciance sur cet objet, autant pour égard pour son rang, que pour les usages reçus, on se persuadera difficilement que cette insouciance, même excessive, puisse, aux yeux de la Postérité, ternir la mémoire d'un Prince sensible aux malheurs de l'humanité, dès l'âge où

(*) Depuis que *Vendôme* fut Général, il ne s'exposa ouvertement que deux fois; 1º. à la bataille de *Cassano*, où il le falloit absolument pour réparer des désavantages, & contrebalancer les efforts d'*Eugène*, qui ne se ménageoit pas plus. Nous l'avons dit; d'ailleurs, cette affaire fut réellement un défi personnel entre ces deux Princes, autant qu'un combat entre les deux armées; 2º. à *Brihuéga*, où il falloit absolument vaincre ou périr. Il s'agissoit de sauver ou de perdre un Empire, ranimer des troupes abattues, étonner des ennemis accoutumés à vaincre. Je ne crois pas qu'on puisse trouver deux circonstances où l'audace ait été si nécessaire que dans celles que je viens de citer. La mort du Général n'auroit pas eu des suites plus fâcheuses que sa retraite.

ses pareils ne sont communément touchés que de l'honneur de commander, & qui jamais ne s'endurcit ni par l'habitude des combats, ni par l'orgueil des succès. Compatissant envers les vaincus, & généreux envers les siens (*), on le vit également protéger & les bons militaires, & leurs veuves, & les gens à talens. Il eut une valeur semblable à celle des temps fabuleux, un mépris des richesses, digne des plus beaux jours de Rome, & la fidélité la plus rare dans ses attachemens. Ce Prince pleura & la mort de *Monseigneur*, qui l'honoroit de son amitié, & l'ingratitude de *Campistron*, qui fut le choix de la sienne (**). Cette

---

(*) Dans sa dernière campagne en Espagne, comme il observoit le terrein, à la suite d'une escarmouche entre ses troupes & les ennemis, il apperçut un de leurs soldats blessé, qui n'avoit pu fuir, & restoit exposé aux deux feux. Il témoigna tant de compassion sur la situation de ce malheureux, que des Grenadiers furent le retirer du péril. Rapprochez cette compassion du refus qu'il fit d'incendier *Worms*.... A *Cassano*, ayant remarqué, dans la mêlée, un soldat d'une bravoure extraordinaire, & qui tua beaucoup d'ennemis dans l'action, il fut, après le combat, le trouver dans sa tente, lui donner 50 louis, &c.

(**) Lorsque *Campistron*, après 25 ans d'intimité, refusa de l'accompagner en Espagne, ayant besoin d'aimer, il s'attacha à *Albéroni*, qui refusa la Cure d'*Anet*,

sensibilité vive, son extrême popularité, son désintéressement, sa nullité dans les intrigues de la Cour, le sacrifice des droits de son grade, son dévouement en tout ce qui regardoit le service de l'Etat, l'oubli de ce qu'il reçut de mécontentemens, enfin son peu de faste personnel, le distinguèrent, d'une manière bien éclatante, des héros qu'il égala d'ailleurs dans ce siècle fameux, où l'orgueil & l'ostentation accompagnèrent trop souvent la grandeur.

Vendôme n'a point laissé de fils qui puisse recueillir les témoignages de vénération & de gratitude que les Français aimeroient à prodiguer aux héritiers d'un nom qu'illustrèrent tant de grandes qualités & de vertus touchantes. O vous, qui lirez ce récit de ses actions & de ses paroles mémorables, défendez sa mémoire contre ceux qui tenteroient de la déprécier ; souvenez-vous que, dans des jours heureux, il brilla près de nos Grands Hommes, sans en être éclipsé ; qu'il soutint l'honneur du nom Français, dans des temps de calamités ; souvenez-vous que le sang des *Bourbons* lui doit la conservation de deux Cou-

---

pour le suivre. Il lui avoit été donné en Italie par le Duc de Parme. *Vendôme* le recommanda à Madame des *Ursins*. Il devint Ministre, Cardinal, puis disgracié, &c.

ronnes ; mais rappellez-vous fur-tout que, digne rejeton d'un Roi dont la mémoire eſt à jamais facrée, *Vendôme* n'eut de foibleſſes que de celles que le cœur ſe plaît à pardonner ; qu'il parut toujours plus touché des douceurs de l'amitié & du bonheur de répandre un bienfait, que de l'éclat de la victoire. Il obéiſſoit à ſon devoir lorſqu'il étoit vainqueur ; il fuivoit ſon naturel lorſqu'il étoit bienfaiſant. Vous devez cet amour, ce reſpect au mépris qu'il fit de toute autre récompenſe ; vous le devez encore à ceux qui, placés dans le même rang, & nés aſſez grands pour vouloir l'imiter, examinent, avant de ſuivre ſon exemple, le prix que vous réſervez dans vos cœurs au plus brave des hommes, au plus zélé des citoyens, à l'un de vos plus grands Généraux, & au meilleur des Princes. Comme tous ſes pareils, *Vendôme* eut auſſi des envieux & quelques ennemis bien bas, bien vils & bien oubliés ; mais *Louis XIV* lui témoigna toujours la première conſidération. *Eugène* & *Stahremberg* le regardèrent comme un héros ; *Marleborough* l'eſtima ; il fit trembler *Victor-Amédée* ; les peuples d'Arragon & de Valence ne pouvoient ſe conſoler de la perte du vainqueur qui les protégea ; *Philippe V* donna des larmes à ſa mort ; il voulut que l'Eſpagne portât le deuil de son vengeur, & qu'il fût enterré dans le tombeau des Monarques Espagnols. *Vendôme* partage, avec les *Turenne* & les *du Guesclin*, dont il eut les vertus, l'honneur de mêler ses cendres à celles des Rois, dont, comme eux, il fut le défenseur.

APPROBATION.

J'AI lu, par ordre de Monseigneur le Garde des sceaux, un Manuscrit intitulé : *Éloge Historique de* LOUIS-JOSEPH DUC DE VENDOME, & n'y ai rien trouvé qui doive en empêcher l'impression.

A Paris, ce 17 Novembre 1783.

Signé GUIDI.

PERMISSION DU SCEAU.

LOUIS, PAR LA GRACE DE DIEU, ROI DE FRANCE ET DE NAVARRE. A nos amés & féaux Conseillers, les Gens tenant nos Cours de Parlement, Maîtres des Requêtes ordinaires de notre Hôtel, Grand Conseil, Prévôt de Paris, Baillis, Sénéchaux, leurs Lieutenans Civils & autres nos Justiciers qu'il appartiendra : SALUT. Notre amé le sieur DE VILLENEUVE Nous a fait exposer qu'il désireroit faire imprimer & donner au Public l'*Éloge historique de* LOUIS-JOSEPH DUC DE VENDOME, *Généralissime des Armées de France & d'Espagne ; Ouvrage qui a remporté le Prix à l'Académie de Marseille*, s'il nous plaisoit lui accorder nos lettres de permission pour ce nécessaires : A CES CAUSES, voulant favorablement traiter l'Exposant, Nous lui avons permis & permettons, par ces présentes, de faire imprimer ledit Ouvrage autant de fois que bon lui semblera, & de le faire débiter & vendre par tout notre royaume, pendant le temps de cinq années consécutives, à compter du jour de la date des présentes. Faisons défenses à tous Imprimeurs, Libraires & autres personnes, de quelque qualité & condition qu'elles soient, d'en introduire d'impression étrangère dans aucun lieu de notre obéissance; à la charge que ces présentes seront enregistrées tout au long sur le registre de la Communauté des Imprimeurs & Libraires de Paris; dans trois mois de la date d'icelles; que l'impression dudit Ouvrage sera faite dans notre royaume, & non ailleurs, en beau papier & beaux caractères; que l'Impétrant se conformera en tout aux règlemens de la Librairie, & notamment à celui du 10 Avril 1725, & à l'Arrêt de notre Conseil, du 30 Août 1777, à peine de déchéance de la présente permission; qu'avant de l'exposer en vente, le manuscrit qui aura servi de copie à l'impression dudit Ouvrage, sera mis, dans le même état où l'approbation y aura été donnée, ès mains de notre très-cher & féal Chevalier, Garde des Sceaux en France, le sieur HUE DE MIROMENIL, Commandeur de nos Ordres; qu'il en sera ensuite remis deux exemplaires dans notre Bibliothèque publique, un dans celle de notre château du Louvre, un dans celle de notre très-cher & féal Chevalier, Chancelier de France, le sieur DE MAUPEOU, & un dans celle dudit sieur HUE DE MIROMENIL; le tout, à peine de nullité des présentes, du contenu desquelles vous mandons & enjoignons de faire jouir ledit Exposant & ses ayans cause pleinement & paisiblement, sans souffrir qu'il leur soit fait aucun trouble ou empêchement. Voulons qu'à la copie des préfentes, qui fera imprimée tout au long, au commencement ou à la fin dudit Ouvrage, foi foit ajoutée comme à l'original. Commandons au premier Huiffier ou Sergent fur ce requis, de faire pour l'exécution d'icelles, tous actes requis & néceffaires, fans demander autre permiffion, & nonobftant clameur de haro, charte Normande & lettres à ce contraires. CAR TEL EST NOTRE PLAISIR. Donné à Verfailles, le trente-unième jour du mois de Décembre, l'an de grace mil fept cent quatre-vingt-trois, & de notre règne le dixième.

Par le Roi, en fon Confeil.

Signé LEBEGUE *avec paraphe.*

Regiftré fur le regiftre XXII de la Chambre Royale & Syndicale des Libraires & Imprimeurs de Paris, n°. 3126, fol. 20, conformément aux difpofitions énoncées dans la préfente permiffion, & à la charge de remettre à ladite Chambre les huit exemplaires prefcrits par l'article CVIII du règlement de 1723. A Paris, ce 13 Janvier 1783.

LECLERC, Syndic.

www.ingramcontent.com/pod-product-compliance
Lightning Source LLC
Chambersburg PA
CBHW071909110426
R18126500001B/R181265PG42743CBX00009B/1